金融服务营销

主 编 梁凯膺

北京理工大学出版社
BEIJING INSTITUTE OF TECHNOLOGY PRESS

内 容 简 介

本书从金融服务及其特点入手,以服务营销的基本框架为基础,结合国内外先进的金融服务营销理论与实践,阐述了金融服务营销的环节、营销的话术、营销的训练等内容。全书共三个项目,主要是对金融服务从业人员进行金融服务营销话术训练。项目一主要讨论了金融服务营销基本流程,包括做好销售准备;寻找潜在客户;了解客户需求;提出销售建议;注重售后服务;高端客户的挖掘、培育和拓展。项目二主要讨论了金融服务营销话术问题,包括理财产品营销;基金营销;保险产品营销;贵金属营销;特惠商户营销;个人网上银行业务营销;手机银行营销;电子银行业务营销;个人贷款业务营销。项目三主要进行金融服务营销训练,包括大堂经理业务训练;高柜柜员业务训练;对私客户经理(理财师)的训练;对公客户经理训练;客服坐席员训练;网点的现场管理;对私客户经理(个贷信贷员)的训练。本书可供金融企业管理者和市场营销人员作为培训教材使用,也可供相关专业的师生作为教材或工具书使用。

版权专有　侵权必究

图书在版编目(CIP)数据

金融服务营销／梁凯膺主编．—北京：北京理工大学出版社，2020.4（2022.7重印）
ISBN 978－7－5682－8311－3

Ⅰ．①金… Ⅱ．①梁… Ⅲ．①金融市场－市场营销学 Ⅳ．①F830.9

中国版本图书馆 CIP 数据核字（2020）第 050517 号

出版发行／	北京理工大学出版社有限责任公司
社　　址／	北京市海淀区中关村南大街5号
邮　　编／	100081
电　　话／	（010）68914775（总编室）
	（010）82562903（教材售后服务热线）
	（010）68944723（其他图书服务热线）
网　　址／	http：//www.bitpress.com.cn
经　　销／	全国各地新华书店
印　　刷／	北京虎彩文化传播有限公司
开　　本／	787 毫米×1092 毫米　1/16
印　　张／	7
字　　数／	165 千字
版　　次／	2020 年 4 月第 1 版　2022 年 7 月第 4 次印刷
定　　价／	35.00 元

责任编辑／封　雪
文案编辑／毛慧佳
责任校对／刘亚男
责任印制／王美丽

图书出现印装质量问题,请拨打售后服务热线,本社负责调换

  本书从金融服务及其特点入手,以服务营销的基本框架为基础,结合国内外先进的金融服务营销理论与实践,阐述了金融服务营销的环节、营销的话术和营销的训练等内容。以金融服务营销理论为基础,以基本理论和基本知识为铺垫,切实培养学生应用知识分析和理解专业问题的思考能力;融入丰富的实践案例,使理论与实务结合,使学生身临其境地感受所学所知,培养学生运用所学知识帮助金融企业解决服务营销中的问题的能力,从而提高其竞争能力。

  本书的编写本着"务实""有用"的精神,旨在培养出既精通金融营销理论知识又具有金融营销实战能力、既能迅速适应营销岗位又具有发展潜力的金融营销专业人才。

  本书既可以作为财经类专业及相关专业学生的教材,也可以作为金融企业员工的工作参考用书。

  本书在编写过程中,吸收和借鉴了近年来国内外金融服务营销学科和相关科学研究领域的最新研究成果,在此向有关单位及专家、同仁表示衷心的感谢。

  由于编者水平所限,尽管本书力求周详和严密,若有疏漏和错误,敬请广大读者不吝教正。

编 者

- ▶ 项目一　营销服务流程 …………………………………………………（ 1 ）
  - 一、战略客户 ………………………………………………………（ 1 ）
  - 二、优质客户 ………………………………………………………（ 2 ）
  - 三、持续贡献客户 …………………………………………………（ 2 ）
  - 四、潜在合作客户 …………………………………………………（ 2 ）
  - 任务一　做好销售准备 ……………………………………………（ 4 ）
    - 一、深入了解产品 ………………………………………………（ 4 ）
    - 二、注重销售礼仪 ………………………………………………（ 4 ）
  - 任务二　寻找潜在客户 ……………………………………………（ 6 ）
    - 一、通过业务系统 ………………………………………………（ 6 ）
    - 二、通过业务联动 ………………………………………………（ 6 ）
  - 任务三　了解客户需求 ……………………………………………（ 7 ）
  - 任务四　提出营销建议 ……………………………………………（ 8 ）
  - 任务五　注重售后服务 ……………………………………………（ 10 ）
  - 任务六　高端客户的挖掘、培育和拓展 …………………………（ 11 ）
    - 一、挖掘新客户的流程 …………………………………………（ 11 ）
    - 二、日常维护工作安排 …………………………………………（ 12 ）
  - 任务七　客户分类营销方案 ………………………………………（ 13 ）

- ▶ 项目二　金融服务营销话术 …………………………………………（ 14 ）
  - 任务一　理财产品营销 ……………………………………………（ 14 ）
    - 一、商业银行理财产品的投资方向和范围 ……………………（ 14 ）
    - 二、理财产品的种类及期限 ……………………………………（ 14 ）
    - 三、产品亮点 ……………………………………………………（ 15 ）
    - 四、适用人群 ……………………………………………………（ 15 ）
    - 五、营销话术 ……………………………………………………（ 15 ）
  - 任务二　基金营销 …………………………………………………（ 20 ）
    - 一、基金概述 ……………………………………………………（ 20 ）

二、基金的分类 ……………………………………………………（20）
　　三、适用人群 ………………………………………………………（20）
　　四、资产配置 ………………………………………………………（21）
　　五、基金营销话术 …………………………………………………（21）
 任务三　保险产品营销 …………………………………………………（24）
　　一、保险产品的特点 ………………………………………………（24）
　　二、保险产品的营销思路 …………………………………………（24）
 任务四　贵金属营销 ……………………………………………………（27）
　　一、贵金属概述 ……………………………………………………（27）
　　二、贵金属的分类 …………………………………………………（27）
　　三、适合人群 ………………………………………………………（27）
　　四、营销亮点 ………………………………………………………（27）
　　五、营销切入话术 …………………………………………………（27）
 任务五　特惠商户营销 …………………………………………………（28）
　　一、业务简介 ………………………………………………………（28）
　　二、面向群体 ………………………………………………………（28）
　　三、发展特惠商户意义 ……………………………………………（28）
　　四、商户拓展流程 …………………………………………………（28）
　　五、商户拓展技巧 …………………………………………………（29）
　　六、营销话术 ………………………………………………………（29）
 任务六　个人网上银行业务营销 ………………………………………（30）
　　一、营销亮点 ………………………………………………………（30）
　　二、营销方法 ………………………………………………………（32）
 任务七　手机银行营销 …………………………………………………（32）
　　营销方法 ……………………………………………………………（32）
 任务八　电子银行业务营销 ……………………………………………（33）
　　一、银行卡取现/存现业务 …………………………………………（33）
　　二、缴费业务 ………………………………………………………（34）
　　三、转账、汇款业务 ………………………………………………（34）
 任务九　个人贷款业务营销 ……………………………………………（34）
　　一、银行消费贷款业务优势 ………………………………………（35）
　　二、业务营销亮点 …………………………………………………（35）
　　三、业务营销方法 …………………………………………………（37）

▶ **项目三　金融服务营销训练** ……………………………………………（38）

 任务一　大堂经理业务训练 ……………………………………………（38）
　　训练1　都是银行的客户 …………………………………………（38）
　　训练2　发现同事说错了，怎么办？………………………………（39）

训练 3	硬币的故事	（39）
训练 4	客户在营业厅争吵怎么办	（40）
训练 5	若柜员错了，大堂经理该怎么办？	（41）
训练 6	扣划年费折射出的服务缺失	（41）
训练 7	从"抱怨"到满意靠什么？	（42）
训练 8	真正把方便留给客户	（43）
训练 9	细节赢得客户，口碑造就品牌	（44）
训练 10	用理智与情感服务	（45）
训练 11	优质服务＝态度＋知识＋技巧	（45）
训练 12	耐心服务赢得忠实客户	（46）
训练 13	服务到位方能为客户解决实际问题	（47）
训练 14	用心发现优质客户	（48）
训练 15	"循环使用信用卡周期"巧营销	（49）
训练 16	想得更周到，服务才能更完美	（50）

任务二　高柜柜员业务训练　（50）

训练 1	用真情换取信任	（50）
训练 2	为了感动客户，可以委屈自己	（51）
训练 3	本该避免的客户哭诉事件	（51）
训练 4	真诚的力量	（52）
训练 5	自动还款为何不成功？	（54）
训练 6	一次销卡业务引发的服务问题	（55）
训练 7	"还不清"的"欠款"	（55）
训练 8	多说一句话，发卡数十张	（56）
训练 9	让客户知道错在哪里	（57）
训练 10	碰到蛮横的客户，柜员该怎么办？	（58）
训练 11	高柜柜员该怎样参与营销	（58）
训练 12	制度执行能否更好地结合实际？	（59）
训练 13	用真诚留住客户的心	（60）
训练 14	指导性规定和客户需求发生矛盾该怎么办？	（61）
训练 15	是否在用"心"服务	（61）
训练 16	三声服务和微笑服务是如何养成的？	（62）
训练 17	想客户所想，急客户所急	（62）
训练 18	客户需要发泄不满，更需要得到尊重	（63）
训练 19	以真诚换取客户的忠诚	（64）
训练 20	处处留心皆商机——在服务中要做有心人	（65）
训练 21	心有多远服务就有多"圆"	（66）
训练 22	对客户需要多些人文关怀	（67）
训练 23	有感于流程优化	（67）

训练 24　客户银行卡挂失引发的投诉……………………………………（68）
　　训练 25　客户可以不损失这 500 元吗？………………………………（69）
　　训练 26　认真学习是基础………………………………………………（70）
　　训练 27　税收缴款书未及时交给当事人引发的投诉…………………（70）
　　训练 28　是"客户评价器"惹的祸吗？………………………………（71）

任务三　对私客户经理（理财师）的训练……………………………………（72）
　　训练 1　了解产品是营销服务的着力点………………………………（72）
　　训练 2　别忽略"来电话"的客户……………………………………（72）
　　训练 3　用心服务………………………………………………………（73）
　　训练 4　服务客户业务增值……………………………………………（74）
　　训练 5　正确处理个人业绩和服务客户的关系………………………（75）
　　训练 6　危机中蕴藏着商机……………………………………………（75）
　　训练 7　与客户共情，客户才会把你当朋友…………………………（76）
　　训练 8　从一件小事情引发的问题……………………………………（77）
　　训练 9　知其然还要知其所以然………………………………………（78）
　　训练 10　优质客户是靠服务培养出来的………………………………（79）
　　训练 11　专业素质是优质服务的有力支撑……………………………（80）
　　训练 12　我们的服务是否做到位了……………………………………（81）
　　训练 13　如何有效推荐基金产品………………………………………（81）
　　训练 14　不该发生的事件………………………………………………（82）

任务四　对公客户经理的训练…………………………………………………（83）
　　训练　只有双赢，才能获得市场………………………………………（83）

任务五　客服坐席员训练………………………………………………………（85）
　　训练 1　针对客户所需进行产品营销——交叉营销服务案例………（85）
　　训练 2　施行首问责任制，用心去服务………………………………（86）
　　训练 3　扎实的业务知识是服务的有力保障…………………………（86）
　　训练 4　当遇到特殊客户时……………………………………………（87）
　　训练 5　用热情和真诚弥补不足………………………………………（88）
　　训练 6　从客户的叹息声中发现问题…………………………………（88）

任务六　支行营业厅的现场管理………………………………………………（89）
　　训练 1　告状专业户变为理财大户……………………………………（89）
　　训练 2　碰到非银行方的故障或错误时该怎么办？…………………（90）
　　训练 3　调动前、中、后台力量为客户服务…………………………（91）
　　训练 4　与陌生客户的第一次接触……………………………………（92）
　　训练 5　坚持制度规定与提升服务质量的关系该如何处理？………（93）
　　训练 6　优先服务带来的深思…………………………………………（94）
　　训练 7　对柜面服务效率的质疑………………………………………（94）
　　训练 8　叫号机引发的矛盾……………………………………………（95）

训练9　熟悉产品是销售的基础 …………………………………………（96）
　　训练10　一部手机赢得一位贵宾卡客户 ……………………………（97）
　　训练11　一个升级的抱怨 ………………………………………………（98）
　　训练12　营业时间内应保证柜面服务 …………………………………（98）
　任务七　对私客户经理（个贷信贷员）的训练 …………………………（99）
　　训练1　这类逾期贷款产生不良记录后，银行该怎么办？ …………（99）
　　训练2　沟通从心开始 ………………………………………………（100）
　　训练3　个人贷款贷后管理引发的思考 ……………………………（101）

▶ 参考文献 …………………………………………………………………（102）

项目一

营销服务流程

以客户为中心是金融企业最重要的营销战略,优化客户结构和实现客户分层分类营销管理是做好金融服务营销的首要工作,所以首先要了解客户的概念。

金融机构客户分类的标准是综合考虑企业类型、行业状况、市场地位、信用状况、财务状况、发展潜力、综合贡献度等多种因素,将其划分为战略客户、优质客户、持续贡献客户以及潜在合作客户。以某银行为例,该行具体将客户分为四类,即战略客户、优质客户、持续贡献客户和潜在合作客户。

一、战略客户

战略客户是指垄断能力强、品牌价值高、市场覆盖面广、风险较小、与银行具有长期高端战略合作的伙伴关系、对银行业务发展和功能完善具有较强的支撑和拉动效应的客户。

战略客户的主要分类条件

(1) 国务院国资委直属的中央大型、特大型企业集团,省国资委控股龙头企业;具有垄断性质的大型优质企事业单位;国内 500 强企业,行业 100 强企业;大型总部型、集团型、连锁型客户;优良上市公司。

(2) 与本行签订战略合作协议,并能开展全面排他性战略合作。

(3) 能利用客户自身的行业优势、区域垄断性、品牌效应、资源优势及产品销售网络等资源,加速本行多元化营销渠道建设。

(4) 资产规模较大,财务结构合理,现金流充足,主营业务突出,市场拓展能力强,利润率不低于同业平均水平。

(5) 信誉良好,无不良信用记录,企业或其法定代表人无涉诉、履约纠纷等情况,信用等级评定均为 A 级(含)以上。

(6) 原则上,60%结算业务在本行办理,50%关联客户或上下游客户与本行开展业务合作。包括但不限于拉动本行存款业务、理财业务、代理业务、POS 机收单业务、代发工资业务、国际业务、票据业务、投资业务等，在本行相比其他金融机构的匹配量和占比量较大。

二、优质客户

优质客户是指具有一定品牌效应，经营持续成功，信用情况良好，与银行业务合作时间相对较长，合作关系相对稳定，具有较高忠诚度，对银行业务发展、功能完善、服务提升具有牵动和支撑作用，合作存在排他性发展空间，是银行经营发展的主流客户群体和中坚力量。

优质客户的主要分类条件

（1）战略客户范围以外的纳入国家及地方区域性发展战略重点支持类行业以及对本行在业务或者综合贡献度方面有较大贡献的大型企业（按附表分类）以及总行支持的优质客户。

（2）在本行日均对公存款达到1亿元（或者等额外币）及以上。

（3）月末、季末以及年末时点对公存款达到3亿元（或者等额外币）及以上。

（4）办理本行POS机，月结算量达到800万元及以上。

（5）开立本行企业网银，并通过本行企业网银进行日常结算。

（6）在本行办理代发工资业务，代发人数不少于150人，月代发额不少于80万元。

（7）成功办理本行信用卡不低于20张。

（8）对本行有特殊贡献的客户。

三、持续贡献客户

持续贡献客户是指与银行建立稳定的信贷关系，客户忠诚度较高，对银行经营和利润贡献具有稳定支撑作用，特别是在资产处置、负债业务拉动及综合业务开发等方面具有特殊贡献的客户。

持续贡献客户的主要分类条件

（1）纳入国家及地方区域性发展战略重点支持类行业以及对本行在业务或者综合贡献度方面有较大贡献的中小微型企业客户（表1-1）。

（2）在本行日均对公存款达到8 000万元（或者等额外币）及以上。

（3）月末、季末以及年末时点对公存款达到1.5亿元（或者等额外币）及以上。

（4）办理本行POS机，月结算量达到500万元及以上。

（5）开立本行企业网银，并通过本行企业网银进行日常结算。

（6）在本行办理代发工资业务，代发人数不少于100人，月代发额不少于50万元。

（7）成功办理本行信用卡不低于10张。

（8）对本行有特殊贡献的客户。

四、潜在合作客户

潜在合作客户是指与银行业务合作关系尚不稳定，业务需求和依存度仍有较大提升潜力，对银行经营和综合业务的贡献尚有较大潜在合作空间的客户。在该银行，则主要指正在营销过程中,但尚未与本行开展业务合作的客户。待此类客户准备与本行展开合作时,自动按分类要求列入上述三类客户。

客户类别由各支行根据客户的综合实力以及对本行的贡献度对照上述标准进行初步划分,并于季度前十个工作日内提交至分行公司零售部审议,待分行审议通过后确定分类范围。若季度内需调整客户分类,则由支行向分行公司零售部提出客户类别调整申请,待分行审议通过后予以调整。

大中小微型企业的划分标准见表1-1。

表1-1 大中小微型企业的划分标准

行业名称	指标名称	计量单位	大型	中型	小型	微型
农、林、牧、渔业	营业收入（Y）	万元	Y≥20 000	500≤Y<20 000	50≤Y<500	Y<50
工业	从业人员（X）	人	X≥1 000	300≤X<1 000	20≤X<300	X<20
	营业收入（Y）	万元	Y≥40 000	2 000≤Y<40 000	300≤Y<2 000	Y<300
建筑业	营业收入（Y）	万元	Y≥80 000	6 000≤Y<80 000	300≤Y<6 000	Y<300
	资产总额（Z）	万元	Z≥80 000	5 000≤Z<80 000	300≤Z<5 000	Z<300
批发业	从业人员（X）	人	X≥200	20≤X<200	5≤X<20	X<5
	营业收入（Y）	万元	Y≥40 000	5 000≤Y<40 000	1 000≤Y<5 000	Y<1 000
零售业	从业人员（X）	人	X≥300	50≤X<300	10≤X<50	X<10
	营业收入（Y）	万元	Y≥20 000	500≤Y<20 000	100≤Y<500	Y<100
交通运输业	从业人员（X）	人	X≥1 000	300≤X<1 000	20≤X<300	X<20
	营业收入（Y）	万元	Y≥30 000	3 000≤Y<30 000	200≤Y<3 000	Y<200
仓储业	从业人员（X）	人	X≥200	100≤X<200	20≤X<100	X<20
	营业收入（Y）	万元	Y≥30 000	1 000≤Y<30 000	100≤Y<1 000	Y<100
邮政业	从业人员（X）	人	X≥1 000	300≤X<1 000	20≤X<300	X<20
	营业收入（Y）	万元	Y≥30 000	2 000≤Y<30 000	100≤Y<2 000	Y<100
住宿业	从业人员（X）	人	X≥300	100≤X<300	10≤X<100	X<10
	营业收入（Y）	万元	Y≥10 000	2 000≤Y<10 000	100≤Y<2 000	Y<100
餐饮业	从业人员（X）	人	X≥300	100≤X<300	10≤X<100	X<10
	营业收入（Y）	万元	Y≥10 000	2 000≤Y<10 000	100≤Y<2 000	Y<100
信息传输业	从业人员（X）	人	X≥2 000	100≤X<2 000	10≤X<100	X<10
	营业收入（Y）	万元	Y≥100 000	1 000≤Y<100 000	100≤Y<1 000	Y<100
软件和信息技术服务业	从业人员（X）	人	X≥300	100≤X<300	10≤X<100	X<10
	营业收入（Y）	万元	Y≥10 000	1 000≤Y<10 000	50≤Y<1 000	Y<50
房地产开发经营	营业收入（Y）	万元	Y≥200 000	1 000≤Y<200 000	100≤Y<1 000	Y<100
	资产总额（Z）	万元	Z≥10 000	5 000≤Z<10 000	2 000≤Z<5 000	Z<2 000

续表

行业名称	指标名称	计量单位	大型	中型	小型	微型
物业管理	从业人员（X）	人	X≥1 000	300≤X<1 000	100≤X<300	X<100
	营业收入（Y）	万元	Y≥5 000	1 000≤Y<5 000	500≤Y<1 000	Y<500
租赁和商务服务业	从业人员（X）	人	X≥300	100≤X<300	10≤X<100	X<10
	资产总额（Z）	万元	Z≥120 000	8 000≤Z<120 000	100≤Z<8 000	Z<100
其他未列明行业	从业人员（X）	人	X≥300	100≤X<300	10≤X<100	X<10

任务一　做好销售准备

服务客户是金融服务营销的重点，营销服务流程包括五个环节，具体指销售准备、寻找潜在客户、了解客户需求、提出销售建议并注重售后服务。

一、深入了解产品

客户经理在销售个人金融（以下简称"个金"）产品前，应该深入地了解、研究本行的个金产品，以便向客户提供专业、细致的产品介绍。

1. 熟悉产品功能

客户经理必须深入了解本行个金产品的功能和特点。优秀的客户经理要在第一时间解决客户的任何疑虑，要让客户感觉到他面对的不仅是一名推销员，更是一位金融专家。

2. 了解目标客户

客户经理必须了解产品针对的目标群体，了解它最能满足哪一类客户的需求，然后有针对性地进行销售。

3. 了解同类产品

客户经理必须明白："为什么客户要购买本行的产品，而不是竞争对手的产品？"现在银行产品同质化现象很严重，只有在与其他银行的同类产品进行深入分析比较后，才能发现自己所在银行产品的优势所在，才能在销售过程中永远处于主动地位。

4. 相信自己产品

经验证明，销售人员对产品的态度可以影响客户的选择。客户经理若想提高销售成功率，就要对自己的产品充满信心，坚信其会给客户带来收益，能够满足客户的需求，让行动在无形中影响到客户的决策。

二、注重销售礼仪

随着银行竞争的日益激烈，在销售过程中具有最终选择与决定权的是客户。客户的金融需求和个性各有不同，因此客户经理在销售过程中要提供人性化、个性化的优质服务，最重要的体现就是礼仪。首先，礼仪是客户经理文化修养和工作效率的外在表现。在与客户的交流中，客户经理的一言一行、一举一动都体现着银行的素质与水平。其次，客户经理恰当得体的礼仪不仅有利于与客户的沟通和协调，而且可以得到客户信任和依赖，更能塑造良好的个人形象和银行形象。恰当得体的销售礼仪必须符合以下五点。

1. 衣着得体

客户经理在与客户接触时，其穿着是客户注意的焦点，客户都希望为自己服务的人看上去赏心悦目，这样他才会有兴趣与其沟通和交流。

此外，作为银行的销售人员，不仅会在工作场所和客户见面，还会在下班后等非正式场合与客户见面，因此着装既要符合自己的身份，又要符合行业规范。

2. 保持亲切友善

亲切友善的态度不仅可以拉近客户经理与客户间的距离，更有助于塑造其自身良好的第一印象，如印象是好的、正面的，对话就能顺利地持续。

第一，保持微笑。微笑，是打动人心弦最美好的语言，特别在与客户的初次接触中，微笑具有天然的吸引力，能使人相悦、相亲、相近。

微笑要发自内心。只有笑出感情，才能让客户感到亲切，微笑是愉快心情的反映，也是礼貌和涵养的表现。

微笑也是自信的象征，在销售交流中真诚大方的微笑能让客户感觉到你的信心，从而提高其对你介绍的产品和服务的信任度。

第二，眼神的交流。与客户交谈，要敢于并善于同客户进行目光接触，这既是一种礼貌，又能帮助维持联系，使谈话在频繁的目光交接中持续进行。

在与客户的交流中，切忌低着头或者"顾左右而言他"。在谈话过程中不愿进行目光接触的人，往往令人觉得在企图掩饰什么，或心中隐藏着什么事；若眼神闪烁不定，则显得精神上不稳定或性格上不诚实；如果几乎不看对方，则被视为怯懦和缺乏自信的表现。

客户经理在介绍产品或服务时，要善于发挥眼神的价值，善于利用眼神交流，让客户从明快而亲切的目光中，产生对产品和服务的信任。

第三，有共鸣的谈话。客户经理与客户谈话时，要及时发现客户的兴趣点，与客户就共同话题展开交谈，以此建立感情，获得客户的好感。

客户有不同的兴趣爱好，如喜欢时尚、运动、美食或旅游，这些都可以成为与客户间的共同话题。但初次与客户打交道，由于对客户的了解有限，而且有时你对客户的谈话内容不是很感兴趣或不是很赞同，那么这时，做一个聆听者也不失为拉近距离的好办法。客户往往很愿意向别人讲述他喜爱的东西。

第四，适当的肢体语言。举手投足都有传情达意的功能，作为银行的销售人员，通过肢体语言更能表达善意，展现服务的标准化和专业化。

站姿：标准的站姿应该是直立、头端、肩平、挺胸、收腹、收下颌。切忌双腿交叉，或双手插在腰间或衣袋里，东张西望。

走姿：客户经理在行走时应该动作敏捷、稳重利落，这样可以体现出气质和自信。男士在行走时应抬头挺胸，步履稳健；女士在行走时应挺直背脊，双脚平行前进，步履轻柔自然。在引导客户行走时，要与其保持恰当的距离。

坐姿：一般而言，坐时应腰背挺直、手臂放松、双腿并拢、目视于人。可向客户方向微微前倾身体，以表示对客户所谈话题的重视和感兴趣。

手势：手势可以帮助人们表达自己想要表达的信息，因此，与客户交谈时，手势不宜过多，手臂摆动幅度不宜过大。

握手：手要保持洁净，握手时力度要适中。

身体距离：站着与客户交流时，要保持恰当的距离。

3. 真诚尊重客户

客户经理在销售过程中要发自内心地尊重客户，应记住 3A 原则。

欣赏（Appreciate）：要善于发现客户的优点，从内心欣赏客户的优点并尊重客户。

接受（Accept）：切忌用自己的价值观去指责或评断对方的想法和观点。不涉及银行业务原则性的问题，千万不要和客户争辩，只需认真倾听。

赞美（Admire）：在与客户的交流中，要多给予赞美，绝不能运用批评性的语言对客户不敬。

4. 适当运用赞美

赞美也有一定的技巧，要懂得四大原则：一要真诚感人；二要有根有据；三要切中要害；四要适可而止。

5. 倾听寻找机会

通过倾听可以了解客户的问题所在与真正需求，这些是成功销售的前提。通常，顶尖的销售人员 60%～70% 的时间花在倾听上。要带着兴趣听，适当发问，理清头绪，切忌打断客户的倾诉；要把握机会，留意客户发出的购买信号。

了解产品：功能—客户—同行—自信。

销售礼仪：服饰—姿态—尊重—赞美—倾听。

任务二　寻找潜在客户

金融机构拥有大量的个人客户，客户经理应怎样从海量的客户中缩小范围，准确找到目标客户并获取其信息？

下面以银行类的金融机构为例，介绍以下几种获取目标客户信息的有效方法。

一、通过业务系统

客户经理可以通过系统自动识别并获取客户信息。客户经理应该充分运用分析型客户关系管理（ACRM）系统电子化手段，明确客户群。

二、通过业务联动

业务间的联动是一种有意识地从存量客户中获取目标客户的方式，包括高低柜业务的互动、公私业务的联动、信贷业务客户的挖掘等。通过这个渠道，营销人员可以从客户的自然属性或行为，判断出其成为目标客户的可能性，成功概率较高。

业务联动主要有以下几种方法。

1. 高低柜联动获取目标客户

高低柜联动是指高柜人员在为客户办理业务的过程中发现潜在的高价值客户时，及时将其介绍给营业网点的客户经理。

2. 公私联动获取目标客户

公私联动是指通过公司客户经理在与公司客户办理业务的过程中，获取公司客户的个人理财需求后，把有潜力的客户介绍给个金客户经理。个金客户经理从现有的客户群体中发掘有潜力的公司客户也向公司客户经理介绍，以达到互惠、互利、双赢的目的。

3. 通过其他渠道

除了银行现有的客户外，还存在着大量可待挖掘的具有较高价值的潜在客户，因此，客户经理可通过以下渠道获取这些客户的信息。

（1）与保险公司、基金公司、零售产品商等合作伙伴共同组织活动，如举办理财讲座、沙龙等。

（2）市场活动，如理财博览会。

（3）市场调查问卷。

（4）已有客户的推荐。

（5）网上银行。

（6）行内员工推荐等。

4. 初步判断接近

在获得客户的初步信息后，应根据客户的基本信息（如客户年龄、收入、职业、社会地位、兴趣爱好、家庭成员情况，客户的投资理财情况、已投资的项目、对未来的投资期望、客户对本行的认知程度等）作出初步判断：①客户目前是否有购买能力；②客户是否有潜在价值；③客户有无维护的必要。

通过这些判断，客户经理可以确定客户是否是潜在客户，是否有进行产品营销的必要。在与客户面对面沟通时，客户经理要善于观察客户，客户的某些动作能够直接地表露正确信息。

5. 建立业务关系

客户经理通过收集信息和初步判断，确定客户后，就要与其建立业务关系了。客户经理应及时制订沟通计划，与客户保持联系，取得客户信任，了解客户需求，然后开展营销。

提示：系统—联动—渠道—判断—关系。

任务三　了解客户需求

客户需要什么，这是销售人员最关心的问题。如果银行的产品很好，但是客户并不需要，那么再优秀的销售人员也无法完成销售任务，因此，在寻找到潜在客户之后，就要认真分析客户的需求。

1. 了解客户性格

了解客户性格是销售人员实现有效沟通、提高交易额、实现成功营销的前提。

2. 分析风险态度

客户经理在营销产品时，要充分考虑到客户的风险承受能力和实际需求，以减少实际营销过程中的误解，既能最大限度地让客户满意，又能提高营销成功率。

3. 评估承受能力

客户一般都不太清楚自己的风险承受能力或风险厌恶程度，因此，销售人员要帮助客户把握自己的风险承受能力。

常见的评估方法有以下几种：

（1）定性与定量方法的比较；

（2）从客户的投资目的分析；

（3）对投资产品的偏好分析；

（4）对资产结构的负债与资产占比的分析；

（5）风险态度的自我评估。

4. 掌握购买心理

了解客户的购买心理，有助于客户经理在沟通过程中投其所好、把握成交机会。客户一般都有以下购买心理。

（1）利益追求心理：客户以"收益"为第一目标，在意产品的收益情况及使用期限。客户经理对这些客户介绍产品时，如产品收益不高，则要向客户重点介绍售后服务工作。

（2）追求品牌的心理：由于很多客户在选购银行理财产品时十分关注品牌，因此，客户经理就要抓住产品这方面的特点，利用一些名人的广告效应，等等。

（3）猎奇心理：这些客户喜欢关注银行的新产品，会主动寻求新的产品信息。面对这样的客户，客户经理要尽可能地展示产品的新卖点。

（4）从众心理：有些客户更容易受到周围人的影响，产生从众心理，与这些客户打交道时，客户经理最好向他作出"这期产品很好卖，请您尽快考虑……"的暗示。

5. 注意沟通策略

在沟通过程中，有些客户会表现得模棱两可，不给出明确回答，这表示他们内心还有一定的疑虑。面对这样的客户，客户经理要明确他们是否有购买需求并及时找出客户关心的比较敏感的问题，如金融产品的价格、期限、利率等，然后分析他们疑虑产生的原因，并运用合适的方法消除其疑虑并提出销售建议。

6. 抓住购买信号

客户经理在了解客户需求的同时，要善于抓住客户流露出的购买信号，在第一时间促成销售。

销售人员要注意掌握以下几种信号：

（1）语言信号：详细询问售后服务、对于介绍表示积极的肯定、询问优惠、询问购买的时间和起点金额等；

（2）神态信号：神态从冷漠、怀疑、深沉转为自然；

（3）动作信号：拿起宣传折页仔细阅读。

提示：性格—态度—承受—心理—策略—信号。

任务四 提出营销建议

1. 客户立场思考

站在客户立场设想问题，销售的产品才能满足客户真正的需要。

2. 相信金融产品

在了解客户需求、分析客户的风险承受能力后，就要及时向客户提出营销意见，并且对自己的金融产品充满信心。因为客户经理在言谈中表现出来的自信，会影响客户的最终选择。

3. 耐心说服客户

（1）针对不同客户的实际情况，有针对性地说服其购买产品。

（2）做好充分准备，善于利用一些历史数据、图表、具体案例说服客户。

（3）与同行的同类产品进行比较、分析，通过突出自己产品的优势说服客户。

4. 杜绝错误营销

在营销过程中，切忌犯以下错误。

（1）只谈产品特色而不说金融产品给客户带来的利益，其实后者才是客户更关心的问题。

（2）不会控制情绪，与客户争辩，为一时之争而错过客户。

（3）不懂察言观色，错失促成交易的最佳时机。

（4）不能把握营销时间的进程，啰唆的客户经理会让客户失去兴趣，感到厌烦。

（5）偏离营销主题，营销的目标是推销产品，切勿把客户说得心服口服却不购买产品。

5. 其他提示

当客户表达出购买意向时，也不可大意，还应注意以下细节。

（1）提供后备产品供客户选择，避免销售陷入僵局。

（2）不要随意向客户许诺。金融产品具有自身的特殊性，销售时无法明确最终的收益，因此切勿承诺客户最终的收益。

（3）察言观色，抓住营销的最佳时机。

（4）善于控制营销时间，不要在一个客户身上耽误太久。

（5）不诋毁同事和竞争者。

（6）面对拒绝，不要轻言放弃。拒绝是营销的开始，不要怕客户拒绝，坚持下去，就可能赢得机会。

处理客户异议的谈话技巧有以下几种。

一般步骤是：重复＋应和＋赞美＋建议＋反问。

①重复：重复客户的话，让他们知道客户经理不仅留意而且尊重他们。

②应和：目的是缓和讲话的气氛，如："那没关系、是这样子的、那是对的、那很好"。

③赞美：赞美客户的优点，拉近客户的心。

④建议：提出继续营销的方案，建议客户行动。

⑤反问：抓紧机会，预约再见面或联系的时间，争取第二次销售机会。

6. 交叉、持续营销

与客户建立业务关系后，就要与其保持联系，了解客户的生命周期和他的家庭需求，向其推荐适合的其他产品。

提示：立场—信心—说服—禁忌—提示—持续。

任务五　注重售后服务

产品和售后服务是密不可分的，周密而尽心的售后服务不但能够给客户送去金融产品，还能送去真诚和温暖，从而将其变成金融机构的忠实客户。真正的销售永远不会结束，它是一个循环，成交也不是销售的终点。若要做好持续销售工作，售后服务则需要注重以下技巧。

1. 客户转介绍

客户转介绍是取得客户源的最便捷、稳当的途径。一传十，十传百，客户队伍不断壮大。售后服务质量的好坏决定着客户是否愿意为你作转介绍。一个善于与客户交朋友、深得客户信任的客户经理，转介绍的客户会源源不断。

售后服务中，客户转介绍的技巧如下。

（1）直接询问请求。

"您对我已经比较了解和熟悉了，请介绍几位像您这样风趣、善良的朋友吧，我将一如既往像为您服务一样为您的朋友服务。"

（2）巧妙套取的方式。

"刚才和您说话的那位先生很有风度，想必是您的好朋友吧？"

（3）触景生情的联想。

如客户新买了计算机，你可以顺口询问："您有朋友也买了计算机吗？您跟他们有电子邮件联系吗？电子邮箱地址可以告诉我吗？"

（4）明确指定目标。

"能不能介绍几位您最要好的朋友与我认识，使他们也能够享受到跟您一样的服务？"

客户经理要发挥自己的创造性，只要不让客户觉得勉强，并且能拿到转介绍名单，怎样做都可以。没有营销成功的客户，也可以请求他们为你作转介绍。

通过转介绍取得新客户之后，要将他们纳入自己的联络图中，因为这些新客户的亲戚、朋友、同学、同事，都有可能成为新的潜在客户。

切记：售后服务是你取得转介绍客户名单极其重要的一环。

2. 建立长期联系

产品销售结束后，应定期与客户保持联系，看看客户有什么需要，从而让其感觉到客户经理对他的关心，进而给自己创造持续销售的机会。可以为客户送一点小礼物，以表达感谢与友好之意，比如一盒巧克力、一束花，也可以是一起吃顿饭、看一场演出，或者定期礼节性回访，与客户进行沟通与交流。

3. 培育客户的忠诚度

在销售过程中，发展新客户比维系老客户要难得多，因此，维系老客户是稳定销售业绩的最佳手段，可以通过以下小方法培养客户的忠诚度。

（1）将有私交关系的客户分出优先次序。

把最忠诚的10个客户的电话号码存入电话的单键拨号功能内，并随时保持联系，了解他们有什么新的需求。

（2）时时刻刻惦记着客户。

如果在报纸、杂志上看到客户感兴趣的东西（包括业内新闻或客户业余爱好方面的东西），随时买下来给他们邮寄过去。

（3）定期给他们寄宣传册，介绍最新的产品信息。

（4）树立一个"问题解决者"的好形象。

（5）了解客户的业务范围，想尽办法帮助他们。

（6）在任何方面都尽可能帮助客户，不管是否与销售有关。

4. 利用网络工具

利用网络通信工具，可以大大提高服务效率。

（1）方便客户随时与客户经理取得联系。

（2）及时回答客户的提问，满足客户需求。

（3）降低"事必躬亲"的管理成本，可以将常规性的问题事先输入计算机，待需要时传给客户。

（4）避免在不适宜的时间打扰客户。

（5）保证信息的完整性和连贯性。

5. 积极处理投诉

客户的投诉，一方面，说明服务和产品出现了问题；另一方面，对客户投诉的处理常常能够将危机转化为机会，最后达到提升客户满意度的效果。要积极面对客户的投诉，对其心怀感恩，因为他们为金融产品和服务的改进提供了建议。

及时处理客户投诉，坚持"投诉不过夜，当天投诉，当天解决"的原则。在处理投诉时，要考虑到银行的经济利益以及社会效益和企业形象；不仅要以理服人，做到有理、有据、有节，还应当设身处地为客户考虑，做到以情感人、以情动人、以情服人。

6. 客户服务补救

客户服务补救直接关系到客户的满意度和忠诚度。面对客户的不满，客户经理随即采取的客户服务补救会给他们留下深刻的印象。

当首次服务使客户产生不满时，客户经理应该明确这些客户对银行仍是抱有期望的，然后应及时作出客户服务补救，以重建客户的满意和忠诚。

提示：转介绍—联系—培育—电邮—投诉—补救。

任务六　高端客户的挖掘、培育和拓展

一、挖掘新客户的流程

1. 制订客户开发计划

对需要进一步联络的客户名单和资料进行整理，根据已掌握的基本情况分析客户的身份地位、性格品位及可能的理财需求等制订客户开发计划。

2. 确定本次联络方案

根据经验或客户的时间要求确定具体联络时间；结合近期经济、金融形势及本行推出的

金融产品与活动，确定本次联络预计达成的目标；对客户可能出现的反应做好应对准备。

3. 接触营销

根据预先准备的联络方案与客户联络，执行有效的接触营销流程，争取客户的信任，力求达到营销目的。

4. 客户跟进

记录联络结果以及待办事宜，对仍需要跟进处理的客户或客户同意进一步会面的，制订跟进计划。

二、日常维护工作安排

1. 营业前

查阅信息和沟通联系。

财富客户的日常维护工作主要包括其账户相关重要信息提示、客户投资领域相关重要信息提示、本行重要信息提示、客户理财投资组合定期分析和建议、重要节日或客户重要日期慰问、日常交流活动等。日常维护工作可通过会面、电话联系、手机短信、信函、电子邮件等方式完成。

2. 营业中

（1）接待客户，引导办理各项业务。

（2）没有接待工作时。

第一，做出会面安排。

第二，寻找目标客户，制订销售计划。

日常维护执行流程。理财客户经理根据工作计划、客户预约、系统提示等联络或者拜访沃德财富（沃德财富是交通银行推出的服务品牌）客户；每日查看重大财经消息，分析其对客户的可能影响并研究相关措施，进行关系维护；定期关注客户信息，寻找销售机会，确定关联销售内容、方法和目标，进行关系维护；记录客户关系维护内容及结果，并进行评估和总结。

情感维护。情感维护是客户经理对客户的一种细节服务，是有效增进彼此感情、成功实施关系维护的重要手段。情感维护一般包括节日、生日、特别纪念日慰问；关怀、预约、提醒服务等内容。

第三，查看工作日志及日程安排。

第四，追踪客户委托事项。

第五，策划客户活动方案。

第六，关联销售。

在与客户建立良好关系的基础上，通过实施关联销售，一方面，积极利用关系营销，引导客户需求，向客户销售更多的产品和服务，提高本行每个沃德财富客户的贡献度，赢得更多利润；另一方面，提高客户转向其他金融机构的转移成本，形成更加稳固的客户关系。

实施关联销售，要注重分析和引导客户需求，注重首次综合开户的机会。关联销售的方式包括向上营销、交叉营销、重复营销。

3. 营业后

举行销售例会，主要包括以下几项内容。

（1）总结当日客户维护情况，做好工作日志。
（2）举办交流活动。

理财客户经理通过了解、分析沃德财富客户的需求与关注点，紧跟市场热点，举办具有吸引力的交流活动。交流活动的策划、执行、反馈、评估程序参照定向营销活动的有关规范执行。

（3）开展定期、不定期的小型客户调查活动。

为了更好地了解本行现有沃德财富客户的满意度，收集客户意见与改进建议，网点理财客户经理应定期、不定期地开展沃德财富客户调查活动。

任务七　客户分类营销方案

1. 拓展战略客户合作空间，全面开展战略合作

通过银行迅速的市场反应和高效的工作，切入大型客户下属子公司中，将整个营销工作由单个客户、单个业务逐步向规模化、综合化拓展，循序渐进地推广到与整个集团的合作。整个营销活动采取分支行联动、自上而下的合作模式，最初的业务开展由支行或者客户经理进行推介，待逐步开展业务后，由分行牵头进行战略合作，通过高层营销逐步实现全方位合作的营销模式，支行积极配合分行做好对企业融资、财务人员以及其余工作人员的营销沟通工作，最大化地满足其在融资、结算、资金管理、个人金融等方面的综合需求。

2. 拓展优质客户合作领域，有效提升客户依存度

将营销重点集中在先进装备制造业、能源产业、绿色信贷产业、民生工程、现代信息技术产业和现代服务业等重点支持类行业、战略性新兴产业的优质企业、对银行有较强牵引性和拉动性效应以及对银行经营和利润贡献具有稳定支撑作用的优质企业。通过单个企业营销逐步深入企业所在区域、行业进行由点到面的联动营销；同时，把握现有优质客户经营投资的方向，持续跟踪和深入挖掘客户的潜在资金需求，实现全流程营销。

3. 挖掘持续贡献客户合作潜力，全面提升综合贡献度

将科技型、创新型、创业型小微企业作为主要营销对象，通过持续大力推广中小微企业"产业集群式"营销模式，切实深化批量化、集群式营销模式，重视客户资源、基础结算业务的综合开发；同时，密切关注区域发展规划，捕捉区域投资热点，对本行业务发展、功能完善、服务提升具有牵动和支撑作用的持续贡献客户。特别是对低风险、高收益或综合贡献度较高的客户，要持续跟进客户经营发展规划，实施全覆盖营销战略，将本行业务融入客户经营发展中，扩大业务合作的深度和广度。

4. 深入挖掘潜在合作客户，扩充客户梯队资源储备

借助分支行网点的优势，凭借本行决策快、服务优、效率高的经营优势，对现有企业的整个产业链、商业链、贸易链上下游企业资源以及银行战略合作伙伴市场内的商户进行深入挖掘，不断增加本行客户储备；同时，进一步强化客户综合营销与风险评估的跟踪与考核，通过中长期全方位合作，深入挖掘与潜在客户合作的深度和广度，实现持续贡献客户向优质客户、战略客户的提升与转化。

项目二

金融服务营销话术

任务一 理财产品营销

一、商业银行理财产品的投资方向和范围

商业银行发行理财产品的投资范围包括但不限于银行存款、债券资产、同业拆借、银行间转贴现票据资产、资产信托计划受（收）益权、定向资产管理计划受（收）益权以及符合监管规定的金融工具等。

资产拟投资于下类资产：现金比例为0~10%，高流动性资产包括但不限于我国银行间市场信用级别较高、流动性较好的信用评级在AA以上的企业债券、中期票据、存款、银行间资金融通工具等，货币市场工具比例为90%~100%。

银行理财产品采用安全性和流动性优先，追求适度收益的投资策略。

理财产品发行后，若市场发生重大变化或发生其他可能影响投资收益的情况而导致实际投资比例发生变化，且变化幅度超过预定比例的10%（不含10%），则金融机构将会在官方网站公布包括实际投资比例等在内的相关信息，客户不接受的，可提前赎回理财产品。

二、理财产品的种类及期限

1. 理财产品的种类

某银行理财产品分为安稳系列普通版和安稳系列定制版。其中，普通版是根据银行每月理财产品到期情况及市场需求，进行的产品承接和进行存款吸纳；定制版则是按照当前市场及重大节日推出的回馈客户，利率相对较高的产品。

2. 理财产品的期限

安稳系列理财产品的期限分为短期、中期和长期。这三个期限的设计及安排是根据银行

当月到期的理财产品天数、分析客户对产品的时间偏好设计制定的。

三、产品亮点

安稳系列理财产品具有风险低、收益稳定、期限灵活的特点。与定期储蓄类产品相比，银行理财产品投资期限灵活、收益率高且投资渠道稳定。

四、适用人群

理财产品一般针对有一定的积蓄、但风险承受能力较弱的客户，年化收益率要在3%以上，比同期定期储蓄存款利率稍高、起存金额为5万元。这些特征符合某行大部分客户群体偏好低风险、追求稳定收益的特点。

五、营销话术

（一）寻找切入时机

产品切入要自然，给客户舒服的感觉，使客户有兴趣和理财经理继续交流理财经验，多提开放式的问题，在客户的回答中寻找产品的切入点。

1. 客户办理转账汇款业务

理财经理：先生/女士，您好，您的资金转到其他银行是有什么用途吗？

客户：他行有款产品收益非常不错，我打算购买一些。

理财经理：其实本行也有很多款理财产品，风险小、收益好、门槛低，很适合做中长期投资（递上相关资料），较同行业非常有竞争力，您可以先了解一下本行的理财产品，与他行进行比较，再决定购买哪一款。

2. 通过了解，发现客户有闲置资金

理财经理：您好，您的资金如果短时间内用不到，可以考虑将这部分资金转存为定期存款或购买理财产品，根据本行以往代客理财投资的情况看，均能够按期支付客户的理财投资本金和理财收益，实际的年化收益率均达到产品说明书测算的预期年化收益率，是活期储蓄存款的××倍（递上安稳系列相关资料）。

3. 客户主动询问时

理财经理：您真有眼光，这是本行新推出的稳健型理财产品，非常适合有理财观念的客户，您这么有兴趣，那我给您介绍一下。

4. 客户坐在休息区，等待办理业务

理财经理：先生/女士（欢迎您的光临），能否打扰您几分钟，允许我为您介绍一下目前最受欢迎的理财产品及服务。

5. 开放式：平时接触话术

（1）**理财经理**：先生/女士，您好，请问您办理什么业务？（寒暄话术）

（2）**理财经理**：先生/女士，您的事业这么成功，当初是怎样开始创业的？刚开始肯定是很辛苦的，您觉得这一行业的将来前景和发展趋势怎样？

（3）**理财经理**：先生/女士，您事业这么成功，家庭又美满幸福，有什么秘诀吗？

（4）**理财经理**：先生/女士，请教一下，您的女儿/儿子这么乖巧，学习成绩又好，您是怎么教导的？（寒暄话术过程中，寻找切入机会）

（5）**理财经理**：先生/女士，俗话说"你不理财，财不理你"，而且理财是每个家庭必须做的。如果您在行外有闲置资金，可以考虑购买本行的理财产品。现在本行有很多款理财产品。可以占用您几分钟时间简单介绍一下吗？（可根据客户需求风险承受能力进行营销）

（二）产品营销话术

1. 老客户邀约面谈

客户经理：早上好，是李姐吗？

客户：是的，哪位？

客户经理：我是某某银行××支行的客户经理小王，好久不见，最近忙不忙？

客户：一般，你呢？近来怎么样？

客户经理：挺好的，谢谢您的关心，本行最近推出一款新的理财产品，我想跟您约个时间向您介绍一下，并看看是否对您有帮助？

客户：好的。

客户经理：您看是这个星期六上午10点有空，还是下午3点有空？（二选一法）

客户：星期六上午10点吧！

客户经理：李姐，谢谢您，那就约在这个星期六上午10点在我们支行见面，可以吗？

客户：好的，到时见。

2. 大堂引导

客户经理：李姐，您好，您来了！

客户：小王，你好。

客户经理：最近工作忙吗？

客户：是的，最近比较忙。

客户经理：哦，小孩今年高考怎么样？应该不错吧，考上哪一所大学了啊？

客户：挺争气的，考上清华大学了。

客户经理：哦，恭喜，您儿子真了不起！

客户：哪里哪里，谢谢小王。

客户经理：李姐，上次给您打电话是因为我们刚推出一款新的理财产品，这款产品很不错，应该适合您。

客户：是吗？所以我今天抽空过来看一下。

客户经理：好的，我带您过去。让我们的理财经理详细给您介绍吧。

客户：好的。

客户经理：小孩高考完了，您轻松了，有空出来喝茶。

客户：好的，有空就找我吧！

客户经理：跟您介绍一下，这是我们的理财经理戴经理，这是李姐，李姐今天想了解一下我们的理财产品。

点评：和客户拉家常，能拉近客户经理和客户的距离。真诚地赞美客户，有利于使谈话氛围更轻松。我们与客户比较熟悉，应事先与理财经理沟通客户情况，让理财经理能够有的放矢。

3. 大堂引荐

客户经理：李姐，戴经理是本行最优秀的理财经理之一，待会儿让她会根据您的情况为您设计一个理财计划，您先坐，我去帮您泡杯咖啡。

客户：好的。谢谢！

理财经理：您好！李姐，请坐！

理财经理：李姐，您好！我是戴小玲，这是我的名片，今天很高兴认识您！

理财经理：李姐，不知道您是否了解我们××银行？

客户：我在你们这里有些存款。

理财经理：哦，这样啊。李姐，因为投资理财是一个比较长远的计划，让我为您简单介绍一下我们××银行吧。

理财经理：您看，××银行是一家地方性商业银行，拥有省内最广泛的金融网络，遍及全省，绝对是值得您依赖的银行。

客户：嗯，是啊。你们的网点是挺多的。

4. 了解客户

理财经理：李姐，为了能更好地为您制订一个合适的理财计划，我先问您几个简单的问题，好吗？

客户：好！

理财经理：请问李姐曾经购买过理财产品吗？

客户：之前有购买过6个月和8个月的安稳系列理财产品。

理财经理：哦，那看来您一直都有很好的理财意识，那您是看好安稳系列哪个方面呢？

客户：收益还可以。

理财经理：如果现在您再购买，您希望购买什么样的理财产品呢？

客户：时间长、收益高的，我个人比较喜欢。

理财经理：购买理财产品您能自己决定，还是要跟家人商量呢？

客户：我自己就能决定，是我自己的账户。

理财经理：看来李姐是位女强人呀，家中的大事小情都能独当一面，正好我们现在有一款理财产品很适合您，是馨安系列定期版2019年第三期，投资时间为330天，1年预期收益率是6.0%，比1年期定期3.25%的利率高了近1倍。

点评：不要急于卖理财产品给客户，要先了解客户的问题、需求和渴望。

5. 第一次和第二次促成

客户：是吗？

理财经理：是的，这一款产品我们最近销售得很好，相信也非常适合您。请问李姐打算购买10万元还是20万元产品呢？（注：第一次促成，要敢于促成）

客户：我有个问题想问一下。

理财经理：您说。

客户：这是人民币理财产品吗？听说现在有些人民币理财产品是亏损的，这款理财产品

会不会亏损?（注：异议处理）

理财经理：是的，现在市面上有些理财产品的确有亏损。这是由于各种理财产品不同的投资方向决定的。有些理财产品是投资股票，或股票型基金，风险较大。在目前资本市场的环境下，是可能亏损的；而我们这款理财产品主要是投资国债、金融债、央行票据等，属于低风险类产品，预期收益无法实现的概率很低。

客户：哦，这样啊！

理财经理：是的，那我现在协助您填单吧。（注：第二次促成）

6. 第三次促成

客户：我还有个问题。

理财经理：好的，您请说。

客户：听说其他银行也有很多理财产品，收益率好像都挺高的。（注：异议处理）

理财经理：一般理财产品的收益与风险是成正比的，也就是说收益越高相应的风险也会越大。我们这里还有很多其他收益高于此款的理财产品（股票型基金），但根据我刚才对您的了解，您是属于风险偏好偏低的客户，所以我们这款产品是非常适合您的。（注：推荐的是适合客户的，一方面，表现了为客户着想；另一方面，显示了理财经理的专业性，是在为客户量身设计理财方案）。

客户：哦。这样啊！

理财经理：对啊！那您就购买20万元的理财产品吧？（注：第三次促成，多次促成往往就是成功的秘诀。）

客户：好的，我就相信你了！

理财经理：行，您放心吧！我会全程为您服务的。根据银保监会的要求，购买理财产品要先填写风险提示书，这是风险提示书，请您填写并签名。

客户：还有风险提示？风险很大的？以前都不是这样的。（注：异议处理）

理财经理：是这样的，因为前期有些银行对风险较大的理财产品风险提示不足，导致有些客户未能充分了解风险而承受了损失。为此银保监会为了规范市场，不管风险较大的还是像我们这款风险很小的理财产品都必须经过风险提示。您看，风险提示书上可以测评出您的风险承受能力，我们是不能将风险较大的理财产品销售给风险承受能力低的客户的，这也是对您负责。

客户：哦？这样啊。

理财经理：那麻烦您在这里签一下名！（注：促成）

7. 客户转介绍

理财经理：非常感谢李姐对我们工作的支持，您看您对我的服务还满意吗？

客户：挺好的。

理财经理：李姐，您放心，产品到期前我会打电话提醒您的。平时有什么需要我帮忙的地方，请随时给我打电话。

客户：好的，谢谢你啊！戴经理，你的服务态度真好，下次我要介绍我的朋友过来。

理财经理：谢谢您的肯定，只要是李姐的朋友，我一定会尽力服务好的。

客户：那可说好了哦。

理财经理：呵呵，只要报您的名字，我都会好好服务的。

客户：最近好像我表弟有说过……

理财经理：好的，如果方便的话，您和您表弟打个招呼，然后我再和他联系可以吗？

客户：可以，你稍后和他联系吧。

理财经理：好的，谢谢您，请问他的电话号码是多少？

客户：哦，我写给你吧。

8. 电话邀约

稍后，经理拨通李姐表弟的电话……

理财经理：您好！我是××银行××支行的理财经理小戴，请问您现在方便通话吗？

张先生：什么事？你说。

理财经理：是这样的，您的表姐李女士在我们这里购买了一款理财产品，她觉得非常满意，想跟您也分享一下，可以吗？

张先生：那是什么理财产品啊？

理财经理：这款产品是我们银行自己的理财产品，您看哪天有时间过来，我跟您详细讲解一下（注：电话里一般不和客户直接介绍理财产品，最好是约客户到支行见面），您看明天有时间还是后天有时间？

张先生：后天吧！

理财经理：那请问张先生是后天上午还是后天下午？

张先生：下午吧！

理财经理：后天下午2点钟还是3点钟您比较方便？

张先生：3点钟吧。

理财经理：好，那张先生，我们后天下午3点钟在我们××支行见吧！（注：约访，一定要再次确认时间地点）

理财经理：请问您知道××支行怎么走吗？

张先生：不怎么清楚。

理财经理：就在××附近，如果您找不到，可以随时给我打电话，我出去接您！

张先生：不用了，我认识。

理财经理：那好！张先生，我们后天下午3点钟见！

9. 迎接客户

客户经理：李姐，理财产品了解得怎么样啊？

客户：挺不错的，我已经购买了。

客户经理：（微笑），好的，李姐，把东西放好了，您包包的拉链要拉好哟！

客户：（边拉包的拉链边说）那我走了，我要去买点东西。

客户经理：好的，我送您！

客户经理：好的，那您先忙。以后如果有什么问题欢迎随时打我电话。我这边有什么更适合您的理财产品也会随时给您打电话，可以吗？

客户：好的，小王，戴经理挺专业的！

客户经理：是吧，我们××银行的理财经理都是经过专业培训的，还获得了AFP、CFP

理财师的证书呢,而且戴经理有 8 年的理财规划经验。(注:体现理财经理经验实力的话或者赞美理财经理的话)

客户:哦?!难怪那么专业,我还介绍了我表弟过来找她呢。

客户经理:李姐,谢谢您啦!您朋友多,有时间帮我们宣传宣传啊!

客户:没问题,我让他们都来找你们。

客户经理:(微笑)谢谢!我们有时间一起喝茶哦!

客户:好的,我走了!

客户经理:好的,您慢走,再见!

任务二 基金营销

一、基金概述

证券投资基金(以下简称"基金")是指通过发售基金份额,将众多投资者的资金集中起来,形成独立财产,由基金托管人托管,基金管理人管理,以投资组合的方法进行证券投资的一种利益共享、风险共担的集合投资方式。

二、基金的分类

(一)根据运作方式不同,可分为封闭式基金和开放式基金

(1)封闭式基金:是指基金份额在基金合同期限内固定不变,基金份额可以在依法设立的证券交易所交易,但基金份额持有人不得申请赎回的一种基金运作方式。

(2)开放式基金:是指基金份额不固定,基金份额可以在基金合同约定的时间和场所进行申购和赎回的一种基金运作方式。

(二)根据投资对象不同,可分为股票基金、债券基金、货币市场基金、混合基金

(1)股票基金:是指以股票为主要投资对象的基金,基金资产60%以上投资于股票的为吸股基金。

(2)债券基金:是指主要以债券为投资对象,基金资产80%以上投资于债券的为债券型基金。

(3)货币市场基金:是指以货币市场工具为投资对象,基金资产仅投资于货币市场工具的为货币市场基金。

(4)混合基金:是指同时以股票、债券等为投资工具,投资股票、债券和货币市场工具,但股票投资和债券投资的比例不符合股票基金、债券基金规定的为混合基金。

风险由低到高的顺序为:货币市场基金、债券基金、混合基金、股票基金。其中,股票基金的风险和收益最高,货币市场基金的风险和收益最低。

三、适用人群

根据当前基金市场及金融机构拥有的客户群体,可以把当前适应基金销售的客户群体分

为中低端客户群体、年轻客户群体、强制储蓄客户群体三种类型。

（1）中低端客户群体：这类客户通常存款较少、年龄偏高，比较喜欢中长期的储蓄类产品，可以推荐债券型和货币市场基金。

（2）年轻客户群体：这类客户对资产流动性的要求比较高，风险承受能力也较强，可以推荐股票型基金。

（3）强制储蓄客户群体：这类客户通常还在资金财富的积累阶段，储蓄意识较弱，基金定投产品是这类客户的首选。

四、资产配置

根据风险承受能力不同，××银行把客户分为保守型、安稳型、稳健型、成长型和积极型五个类型。针对这五种类型的客户对风险的好恶及承受能力的不同，建议对基金组合进行如下配置。

（1）保守型客户基金组合：该组合资产配置的范围多数情况下债券型基金的投资比例为90%左右，变化范围为85%~95%；股票型基金投资比例为10%左右，变化范围为5%~15%。

（2）安稳型客户基金组合：该组合资产配置的范围多数情况下债券型基金的投资比例为75%左右，变化范围为70%~85%，股票型基金投资比例为20%左右，变化范围为15%~25%。

（3）稳健型客户基金组合：该组合资产配置的范围多数情况下股票型基金的投资比例为45%左右，变化范围为40%~60%，债券型基金和货币型基金及其他资产比例为55%左右，变化范围为40%~60%。

（4）成长型客户基金组合：该组合资产配置的范围多数情况下股票型基金的投资比例为70%左右，变化范围为55%~85%，债券基金和货币型基金及其他资产比例为30%左右，变化范围为15%~45%。

（5）积极型客户基金组合：该组合资产配置的范围多数情况下股票型基金的投资比例为85%左右，变化范围为70%~100%，债券型基金和货币型基金及其他资产比例为15%左右，变化范围为0~30%。

五、基金营销话术

1. 产品切入

以基金定投为例，针对代发工资（或存款）客户介绍基金定投。

理财经理：××先生/女士，您平时花销大吗？

客户：是的，现在的钱都不够花。像我们工薪族，赚钱不多，平时开销又大，又不会做生意，只能储蓄点存款。

理财经理：其实您经常在我们××银行存钱（或者说是在本行代发工资），可以考虑做本行的基金定投，每月定投300~500元，不会影响生活品质，又可以强制自己储蓄，积少成多，本行员工都在购买。您考虑一下，我现在去帮您拿购买申请书（要及时做促成）……

理财经理：现在我们很多客户都会主动了解基金产品并认购。随着我国经济的回暖和证券市场体系的不断完善，基金投资已成为个人理财首选。目前，我国股票市场正处于低位水平，正是逐渐建仓、逢低吸纳的好时机，您不妨试着了解一下……

客户：我的钱都是投资在生意（或股票）上，基金赚钱太慢了，我还未考虑过。

理财经理：看得出来您是蛮有投资头脑（赞美）的人，资金应该做多种投资，投资在生意（或股票）上是很好，但分配一部分资金做稳健型的投资也是一种理财，而且还能够分散风险，您说是吗？（如果客户点头或沉默可以继续说）我们银行的基金定投，每月投资为1 000～2 000元，对您现有的生意（或股票）不会构成任何影响，不但可以帮您固定一笔资金，还可以分散投资风险。

客户：那你看我买多少合适？

理财经理：基金定投属于长期投资，建议您适量购买。每个月存点零花钱即可，您看是买1 000元还是2 000元？

客户：我第一次在你行购买，先买1 000元的吧。

理财经理：好的，我指导您填写申请书。

2. 标准话术

客户投资股票、基金、理财产品，或者最简单的把资产存在银行，最终的目的都是获得投资收益。如何既能让客户获得理想的投资收益，又能把投资风险控制在客户能够承受的范围内，就需要理财经理做到一对一的个性化专业化服务，了解客户的风险承受能力以及投资偏好，引导客户理性理财，合理配置资产，进行组合投资。

以下是对一些常见问题较为全面的解答。

（1）基金与股票相比，涨幅很小，大盘下跌时又会跟着下跌，以前买的基金都还套在里面。

答：对比大盘的跌幅，让客户看到基金的跌幅肯定比大盘小，特别是一些债券型的基金在大盘大幅下挫的时候，跌幅还是很有限的。现在行情还没有启动，可能有些基金暂时还套着，但是一旦行情启动，基金的增速比个人持股来得快，个人很容易因操作原因踏空行情，基金却由于其操作模式，资产配置净值上升都很快的。

（2）基金收益没有保证，对基金没有信心，宁愿购买次新股，认为其破发的概率低。

答：第一，新股申购中签率低；第二，次新股破发现象越来越多，也不是只赚不赔了。客户如果是风险厌恶型的，可以选择一些债券类、保本类的基金，放在那里也不用每天很紧张地进行操作，只需关心下净值，觉得收益不错了就可以赎回，到行情好的时候换股票型基金。

（3）不习惯把钱交别人做投资，宁愿自己买股票亏钱。

答：这种投资方式似乎激进了点，应该学会的投资理念是合理的资产配置，进行一定的投资组合。可以自己操作一部分资金，直接投资股票，另一部分资金则用来买各种类型的基金，交给专业人士来做。所有的鸡蛋不能放在一个篮子里，这样才能真正降低风险。投资都是为了赚钱的，自己做亏了也心疼啊。

（4）基金产品没有名气，客户有戒备心。

答：可以给客户推荐老牌基金公司的产品，如南方基金和华夏基金旗下的各种明星基金产品。

（5）客户怕被骗，以前曾发生过基金公司老总携款潜逃事件，所以对基金没有什么信心。

答：现在证监会对基金公司的监督是很严的，资金的托管方是银行，基金公司只是管理人，没有划转客户资金的权利，资金安全方面可以完全放心。

（6）客户对自己很有信心，认为自己操作得很好，事实上，他们亏钱了也这样说，就是不愿意购买基金。

答：每次有产品就推荐给客户，不管他要不要，特别是之前推荐的产品有赢利了更要跟他说，等他看到事实摆在眼前，自己操作的在亏钱，而客户经理推荐的理财产品在赚钱，自然就会产生兴趣，时机一到就会购买了。这种客户还是有希望争取过来的，就是要多花心思和时间来培养。

（7）客户对基金的了解不多，更不用说基金的种类，如指数型基金、股票型基金、债券型基金等，他们很难把握方向。

答：客户对基金不了解不要紧，最主要的是客户经理自身要了解基金的情况和客户的需求，向他推荐合适的基金并引导他购买。客户经理应在每次沟通过程中向客户灌输资产配置的理念，介绍各种基金产品，让客户慢慢了解，慢慢接受。

（8）客户买基金是为了获得远超银行利息的收益，但现在买基金不赚钱，很多情况下还亏钱，不如把钱放在银行赚取利息。

答：让客户学会资产配置，行情不好就多配置债券类基金，行情好就多配置股票型基金，这样总体看，资产的收益率肯定远超银行利息。

（9）客户直截了当地拒绝，表示自己"从不买基金"。

答：您没买过基金，可能对基金不太了解，本行很多熟悉基金的客户都在家庭资产中配置一些基金的。

（10）客户听朋友、家人说基金不好，觉得把钱投资在别的地方更有把握。

答：听别人说都是道听途说，只有真正自己做了，才知道好不好。其他投资可以做，基金也可以做，投资都是有风险的，而投资基金风险还相对可控可知。基金定投的起点是1 000元，可以从小做起，先少买点试一下。

（11）如果客户第一次购买的理财产品亏损了，那么第二次他就不会再购买该产品了。

答：套着的客户可以去安抚他，把他买的产品跟大盘的下跌幅度做个对比，他亏的还是远低于大盘下跌幅度的。可以给他推荐跟之前不同类型的产品，让他做资产配置。

（12）客户以前购买过基金产品，由于发生了亏损，因此，对基金有排斥感。

答：我们这里的工作人员都是专业的理财人员，提供一对一的专业化服务，会推荐适合客户的产品，肯定跟其他同行的推荐有所不同。

（13）客户对资金的流动性很看重，买基金，必须冻结资金几个月，买股票和存银行活期就与基金不同，资金流动快，当需要用的时候，就可以马上转出来。

答：对资金流动性高的客户可以推荐已经在开放期的基金，每天都可以申购赎回，跟股票一样，赎回后，资金"T+1"工作日就到账，也是很方便快捷的。

任务三　保险产品营销

一、保险产品的特点

某银行代理保险业务，是指某银行接受保险公司委托，在保险公司授权的范围内，代理保险公司销售保险产品及提供相关服务，向客户提供合适的保险产品，满足客户多元化的投资需求，丰富客户资产的投资渠道。在丰富银行产品种类的同时，要明确其作为保险产品，而非一般性投资理财产品的属性，因此，保险产品主要作为风险保障功能，而非投资盈利的渠道。

二、保险产品的营销思路

（一）结合保险产品的功能向客户进行推介，保险产品主要有以下功能，需结合实际需求进行分析，进而向其营销

1. 健康保障

由于日常生活压力的增加，客户患上重大疾病的概率增加，一旦患上重病，导致其日常工作收入大幅度下降、企业经营情况大不如前，影响生活品质及疾病的治疗。通过购买重大疾病保险（以下简称"重疾险"）等健康保险产品，可以规避由此类风险导致的现金流问题，有力地缓解现金支付压力，改善疾病治疗环境。

2. 身故、伤残保障

很多客户是家庭的主要生活收入来源提供者、企业的支柱和决策者，万一因为意外和疾病不幸离去，主要依靠他们生活的家人的生活品质很可能难以继续保持，企业经营可能受挫、面临困境，企业员工也会因此失去依靠；但是，用小部分资金购买高额人身保障，就可以把这些不可预测的风险转嫁给保险公司，无论发生任何不测，也能确保家人的生活不受影响，而且还可以利用保险金请职业经理人来管理企业，保证企业正常运转下去。

3. 退休养老

由于养老金通胀、空账等因素导致社保养老替代率的持续下降，客户的长期预期现金收入下降，在收入较高时购买年金产品，实际是一种长期的资产"转移支付"过程，尽管保险收益不一定很高，但可以确保自己的安全，因此，用保险金作为解决养老问题的方式，不失为一种上好的选择，可为未来提升养老生活品质做好准备。

4. 保全个人资产

对于中小企业主而言，隔离企业资产与家庭资产是财富保障、规划的重要策略，企业经营风险与家庭财产的侵害不隔离，一旦企业倒闭，不仅其资产将全部用于支付债务，而且股东的个人资产也要用于偿还债务，而人寿险保单是不纳入破产债权、不用于抵债、不被查封没收的财产，因此对于保全个人资产具有先天优势。购买人寿险保单，可以有效分离，保全个人资产。

5. "盘活"资金

一是保险产品可以期交，但保障责任、额度是按照约定而相对固定的；二是通过保单贷款条款，保险公司根据客户保单现金价值的一定比例向客户发放贷款，既可以为客户提供风险保障（保单不失效），又释放了一定的资金流动性，是一道保护屏障。

6. 保值增值

购买保险不仅是购买一份保障，更是购买一份安心。人们都知道，客户把钱放入保险公司，就其现金价值而言，价值并不大，但保险最大的价值在于"确保"二字。通过保险，能够确保在生命的某一刻拥有一笔资产。保险可以确保客户的部分存款在某一段时期内保值增值，并且根据规划，在他们真正有需要的时候满足其理财目的，如养老、子女教育等。

7. 资产配置

在对客户的综合化财富管理配置方案中，保险是一项基础资产，不仅分散了资金投放渠道，分散了风险，更为客户提供了坚实的风险保障后盾。

8. 子女教育

伴随着"望子成龙、望女成凤"的观念，子女教育、发展的经济基础构建，成为客户关注的一大问题。通过专款专用、强制储蓄的方式，为子女未来的升学、就业提供一定的经济基础，防止由于家庭主要经济来源断档而对子女的学习、生活造成影响，同时，相关产品也可为子女提供身故、重大疾病等责任保障。

9. 节税传承

目前，中国的创富第一代在人生和事业发展的两方面双双步入成熟阶段，不少企业主开始思考财富未来的传承问题。大部分企业主希望把自己用心血积累起来的财富尽可能多地留给后人。尽管短期内涉及遗产税等方面的政策尚未出台，但随着养老金隐性债务问题的逐步暴露，未来完美税种、强化税收的政策陆续出台在所难免，在长期阶段内，资产安全过度的不确定性正在慢慢增强。

10. 财产分配

为避免家庭成员纠纷，合理并且按自身意志分配个人资产，通过保险产品的受益人指定特征，明确家庭成员对于遗产、个人资产的分配比例与份额，可以有效避免家庭纠纷，并且体现个人财产的再分配意见。保单能够转移部分财产，也能够帮助企业主分配财产。

（二）结合客户年龄、家庭状况和收入等情况进行分析，向客户营销适合的保险产品

在人生的任何阶段，保险都是一种解决问题的工具，也是人生中的一种财务安排。购买保险的目的是当风险发生时，降低购买者的经济损失。

以下是根据人生的不同阶段给出的建议。

1. 少年阶段（0~18岁）

孩子是家庭的延续，自我保护意识薄弱，因此，家长需要重视对孩子的保护问题，提前为他们购买好保险产品，保险产品的配置通常为：意外险＋医疗险＋重疾险，若是经济宽裕的家庭，则还可以在此基础上叠加购买教育金保险＋人寿保险。

（1）意外保险：孩子生性活泼好动，并且自我保护意识薄弱，容易受到意外伤害，如摔伤、扭伤等。意外伤害不仅会对孩子的身体造成伤害，后续的治疗还会给家庭带来经济损失，因此，在购买保险产品的规划中，家长需求优先布局意外保险。现在市面上的少年儿童

意外保险产品一般保障期间为1年，而且价格实惠，通常费用在几十元至几百元不等，因此，不会造成家庭的经济负担，但家长需要注意，少年儿童身故赔偿的限额是：不满10周岁的，为20万元；10~18周岁的，为50万元，因此，建议不要超额投保。

（2）消费型重大疾病保险：重大疾病的危害性，人们有目共睹，因此，家长要重视孩子的健康安全问题，其中最可靠的办法就是提前为孩子购买一份少儿重疾险产品，建议购买的重大疾病保险产品覆盖少儿常发的白血病、川崎病以及重症手足口病等。现在的保险产品更新换代快，因此，建议普通家庭购买消费型重大疾病保险，而经济宽裕的家庭则可以选购储蓄型重大疾病保险。

（3）医疗保险：孩子除了意外以及重大疾病发生概率高外，医疗方面的风险也不容忽视，因为孩子身体免疫力普遍较弱，容易感冒、发烧，累积起来，治疗开销也不容小觑，因此，为孩子提前布局一份保障全面的医疗保险极为重要，建议家长购买的医疗险产品包含门诊治疗，应选择高保额、高免赔额的险种。

2. 社会阶段（20~50岁）

社会阶段的人群处于事业高峰期，收入稳定，但是面临的风险也不容小觑，因此需要布局完善的保险计划，确保自己的安全健康问题，如不幸出险，短期内也不会给家庭的基本生活带来很大影响。

（1）高保额意外保险：社会阶段的人群面临的意外更多，如交通意外险以及旅游意外等，因此，建议这类人群提前布局意外保险，且保额不宜过低，因为这类保险产品保障期限短，但保费便宜，因此可以多购买几份，且应注意及时续保。

（2）重大疾病保险：重大疾病保险的购买有一定条件限制，且随着年龄的增加，保费越来越高，因此，社会阶段的人群建议及早投保终身储蓄型重大疾病保险，并且建议终身投保，而且购买保险产品保额不宜过低，通常建议不低于30万元，这样，出险后才能发挥保险的保障作用。

（3）医疗保险：社会阶段的人群处于事业打拼阶段，平时应酬少不了，身体很可能处于亚健康状态，医疗费用的支出虽然不如重大疾病那样庞大，但积少成多，也会给家庭经济造成负担，因此，建议处于此阶段的人群提前规划一款性价比较高的医疗保险，起到经济杠杆的作用。

（4）定期寿险：社会阶段的人群一般是家庭的经济支柱，若不幸发生意外，对于家庭将是"灭顶之灾"，因此，需要提前布局一份寿险作为经济保障，出于对经济条件的考虑，一般家庭适合投保定期寿险，此类险种价格实惠，属于消费型保险产品，保费支出低廉，不会造成家庭经济负担。

3. 退休阶段（55岁以后）

退休阶段的人群已经不再是家庭的经济支柱，大部分人开始关注健康和养老等问题，以维护晚年的生活品质，因此，布局完善的保险品种必不可少。

（1）意外保险：退休阶段的人群，由于身体原因，行动和反应能力都不如年轻人，发生意外的概率很大，配置一份意外保险尤其重要。但是，意外保险对于投保年龄是有限制的，因此，要注意，投保的保险产品应在保险公司的承保范围内。

（2）防癌保险：若年龄超过55岁，购买重大疾病保险不划算，可能会出现保费倒挂的现象，因此，该类人群可以选择一份保障全面的防癌保险，这类保险的保障精确化，且保费不高，因此，十分适合退休阶段人群投保。

（3）医疗险：老年人因为身体机能原因，住院治疗的概率较大，因此建议提前布局一份医疗保险，这样可以起到到医疗保障作用，减轻家庭的经济负担。

任务四　贵金属营销

一、贵金属概述

某行实物贵金属业务主要代理金本投资（北京）有限公司及经易金业有限责任公司销售的实物黄金。实物黄金是指上海黄金交易所认证的标准金银锭冶炼的企业铸造，使用某银行"祥瑞金"黄金业务品牌，物质形态为金章、金条、艺术品收藏金，含金量为99.99%的实物黄金物品。

二、贵金属的分类

银行代理的贵金属主要分为投资金和收藏金两种。其中，投资金主要是指金条；收藏金主要是指金章、金币及具有纪念意义的黄金饰品。

三、适合人群

贵金属投资适合具有一定风险投资能力的客户群体，这类客户具有一定经济实力，收入稳定，是本行贵金属营销的主要客户群体。

四、营销亮点

（1）价格透明：销售价格与上海黄金交易所日市上下午Au100g开盘价挂钩，透明度高。

（2）投资方面：顾客只需持银行借记卡、普通存折或一本通，到业务开办网点按××银行发布的当日当场次挂牌价格购买即可。

（3）品种多样：实物黄金按形态分为多类、不同种类的产品，设计有多种规格，能满足您投资、馈赠和收藏等多种需求。

（4）投资保值：实物黄金产品具备了黄金的一贯属性，能够较好地抵御通货膨胀并兼保值、增值作用。

（5）收藏馈赠：实物贵金属特有的厚泽莹润，搭配精美的设计包装，给人非同一般的视觉感觉，是访亲赠友的首选。

五、营销切入话术

客户投资实物贵金属产品最终的目的是获得投资收益。如何能让客户获得理想的投资收益又能把投资风险控制在其能够承受的范围内，就需要了解客户的风险承受能力以及投资偏好，引导客户理性理财，合理配置资产，进行投资组合。以下是一些常用的直接切入贵金属产品的营销切入话术。

（1）您好，××节快到了，您是否考虑送家人一份特别的礼物？本行现有多款实物黄金产品供您选择，如长命锁、生肖纪念章等。它们样式精美，做工细致，是收藏和投资的首选，送给亲朋好友也是非常不错的。

（2）您好，您对实物贵金属投资这一块市场有了解过吗？那您有没有购买过其他类金融投资产品？比如股票、基金、理财。

（3）您好，不好意思打扰您一下，本行现推出投资金和收藏金，品种丰富，您可以了解一下。

（4）您好，日前国际黄金价格持续下跌，行情低迷，现在正处于近两年较低点位，投资实物黄金既能分享未来金价上涨带来的收益，又能通过长期投资降低风险。目前，本行贵金属有投资金和收藏金两种投资方式，投资金工艺精美，价格合理，并有多种规格供您选择。

（5）您好，购买黄金是一种投资。黄金作为一种惰性稀有金属，历来被大众推崇，从长期趋势看，黄金是保值增值的不错选择。您如果有意向，我会在黄金价格合适的时候与您联系。

任务五　特惠商户营销

一、业务简介

特惠商户是指经国家认可的具备合法经营许可，且与银行签订《某银行特惠商户合作协议书》，在一定时限内为特定银行持卡人提供优惠服务的商家。暂时指实体商户，不含网络虚拟商户。

二、面向群体

特惠商户资源为某银行持卡人共享，特殊签约卡种除外。

三、发展特惠商户意义

为持卡人提供增值服务；优化银行卡受理环境；提升银行品牌形象；提高市场竞争力。

四、商户拓展流程

（1）商户拓展人员通过电话、媒体、网点、合作方推荐或自行拓展推广等方式，收集商户信息。

（2）参照《特惠商户管理规程》相关规定进行初步筛选，确定特惠商户的拓展目标。

（3）商户拓展人员对商户基本情况进行实地考察和评估，包括营业场地、经营性质、持续经营状况、交易量及风险度等。

（4）与商户洽谈优惠服务条款或补充条款，复印商户的营业执照等。

（5）将确定特惠商户信息录入本行官方网站特惠商户界面。

五、商户拓展技巧

（1）搜索他行特惠商户信息，直接到店面洽谈。
（2）锁定特约商户中的优质商户，利用合作关系洽谈。
（3）细分本行商户的潜在需求，针对专项商户进行营销。
（4）发展淡季商户，联合商户搞活动。

六、营销话术

1. 常规情境

工作人员：您好，请问店长或者经理在吗？

（商家引见了负责人，与负责人之间的交谈）

工作人员：您好！经理，我是××银行的客户经理小王（可递交名片），主要负责商户洽谈业务。今天拜访有点冒昧，希望会让我们未来的合作双赢。

负责人：嗯，什么事情？

工作人员：我们简单对您家进行了分析，您家地理位置并不是很优越，附近商圈特点也不明显。

负责人：是，但房租还是比较便宜的。

工作人员：对，这是您家的优势也是劣势，所以我们要找一些办法解决这个问题，比如让更多客户群体了解您家，有些客户还是喜欢安静的用餐环境，更重要的是您家确实有实力，菜品味道特别好！

负责人：（听后很高兴），对对，我家的菜质量没得说，就是知名度稍低。

工作人员：那您觉得××银行知名度如何呢？

负责人：当然是好，有那么多网点，我们这的水、电都在你们银行缴费呢。

工作人员：看来您是了解我们银行的，所以您想想，我们要是把您家的特色菜、门店进行拍照，做成折页或者文字说明书，放在本行网点摆放宣传，您觉得对您家的生意能否有所帮助？

负责人：那是当然，有这么好的事？

工作人员：是的，我们可以根据您的需要，在网点摆放您家的照片进行宣传，但是为了维护本行持卡人利益，您需要给出一些优惠，如能否给本行客户打折？

负责人：我就说嘛。没有那么好的事，现在物价上涨了，哪有更多的利润呢？

工作人员：别着急，您可以折算一下成本，您家打8折、9折还是有利润空间的，并不赔钱。这小小折扣怎么能和广告费相比呢？现在随便做个广告要多少钱？我想您是更清楚的，如果广告投放到报纸类宣传，得到的回报和效果更是极小的，而我们银行是将您家专属信息放在每天流动的人群中宣传，客户群体广泛而且稳定，更重要的是可以提升您家的品牌形象啊！广播是一时的，报纸是会扔的，但只要在我们合作期间，本行提供的宣传是无终止的！

负责人：是，正如你所说，我是有利润的，那您看，这样吧，就打个9折，可以吗？

工作人员：这主要听您的意见，我们的目的不是想让您赔钱，而是实现双赢。我有个建议，如果有利润空间的话，您可以再适当放宽打折力度，因为这样更吸引人。给您看一下本行现有商户及他行商户信息,签约折扣都特别大,现在商户宁可赔钱也要先做好广告,为占领市场和日后的竞争做准备。

负责人:嗯,那我们打7折吧。

工作人员:好,您先看看效果,如果效果明显,可能未来我们还会合作5折美食季呢。

负责人:天呐,5折,那是绝对不可能的!

工作人员:未来是我们互相选择的过程,如果您家商户能得到持卡人认可;同时,为本行带来效益,我们将更愿意为您量身设计活动。

负责人:好。貌似我这小店也赶上潮流了!

工作人员:我们先为您的店带来客户群体,让您切身看到收益。这是我们的签约协议,合作期限是一年,这期间要求您不能签约比本行优惠更多的合作伙伴,本行持卡人刷卡消费时享受7折优惠待遇即可,我这还有个特惠标识,您看放在收银台方便吗?

负责人:嗯,嗯,没有问题。

工作人员:合作愉快!以后我每个月还会再拜访您的!

负责人:为什么呢?

工作人员:看下您对我们的承诺,我们的客户是否享受到了折扣呀。呵呵,开玩笑的,我们是例行对您家进行维护和回访。

负责人:真是太负责了!

工作人员:这是我们应该做的,那今天就不打扰您了,再见!

2. 其他情境处理技巧

(1) 商户负责人不愿意接见或者真的有事不在,先索要负责人电话,如果未能提供,可以将自己的名片预留在收银台,等待商户回复或者进行二次拜访。

(2) 遇到商户一再委婉拒绝,应尽快结束关于协议内容的对话,将话题转移到商户感兴趣的方面,或者离开,等待二次洽谈。

(3) 遇到商户尚未安装POS机的情况,应先考虑将商户发展成特约商户,再发展为特惠商户。

任务六 个人网上银行业务营销

个人网上银行为个人客户开辟了包括账户管理、支付转账汇款、网上缴费、贷记卡还款及查询、理财产品购买等网上自助服务。

个人网上银行客户分为大众版客户和专业版签约客户两类,可以享受功能强大且更加安全的银行网上自助服务。

个人客户使用网上银行,能够满足个性化的金融理财需求,体验网上购物在线支付的方便快捷,足不出户就可享受银行的优质服务。

一、营销亮点

(一) 网上转账

个人客户通过网上转账交易将网上银行注册账户向其他账户进行资金划转。网上转账包括客户已注册网上银行账户之间的转账、客户网上银行注册账户向本行其他账户的转账、客户网上银行注册账户向非本行其他账户的转账。

【营销思路启发】"时间就是金钱"。对此，做生意的张先生深有体会。张先生经营一家五金店，平时资金流动频繁，经常要跑银行向供货商支付货款。虽说银行网点离五金店不远，但办理业务的人太多，经常要排队，很浪费时间，张先生对此一直比较烦恼。有一次他向银行的理财经理小李抱怨，小李耐心地听完后，了解到张先生的生意伙伴很多，便建议他办理了该银行网上银行注册业务。小李告诉张先生，网上银行可以自己在网上办理支付转账手续，能节省大量时间，即使不在该银行开户的生意伙伴也同样可以收到款。听了小李的建议之后，张先生当天就开通了网上银行。回家试用后，张先生觉得网上银行确实很方便，每次付款时只需鼠标轻点，很快就可以转账成功。而且网上银行功能齐全，还包括其他划款业务，如给员工发工资、给在外地读书的弟弟汇生活费、给父母交赡养费等，都可以轻松完成。网上银行为张先生节省了不少时间，使他有更多的精力在销售和管理上下功夫，生意越来越好。现在张先生逢人便讲："时间就是金钱，网上银行最能帮我省时间，快用它赚钱吧！"。

（二）网上缴费

网上缴费包括缴纳电费、移动通信费、水费、煤气费、有线电视费、固定电话费、保险费、学费、交通费等内容。

缴纳各种费用是每个家庭甚至每个人的"日常工作"，如不能及时缴费则可能给生活带来很多困扰。网上缴费不仅可以节省客户到银行柜台或者收费单位排队等候的时间，更重要的是改变了人们的生活方式，省时省心又省力。

【营销思路启发】小王是个有为青年。随着职位一天天升高，人脉圈越来越广，小王的应酬就像流水，源源不断。有一天，他累了一天，回家才想到没交水费，万分沮丧。第二天趁着午饭时间，小王来到银行，没想到排队要等很久。小王不时看看表，因为时间有限，无奈之余，正要转身离去，却听到别人在讨论网上缴费，上前一问，才恍然大悟。原来这电话费、水费、煤气费都可以通过银行的网上银行解决，银行有如此便捷的业务，这下就不用跟时间赛跑了，于是小王立即开通了网上银行。方便、快捷的移动时代，您还在等什么？

（三）网上理财

网上理财具有交易方式便捷、功能较为全面等特点，办理业务可以足不出户；通过网上银行可以购买理财产品；网上理财的重点客户是具有一定资产积累和理财经验，但因工作忙碌，没有到银行办理理财产品业务的中高端客户。

【营销思路启发】随着资本市场的快速发展，投资市场也是一派火红的景象，大家比眼光、比资本，还要比谁能把握住好时机。中年的杨先生白天忙着处理单位的事情，无暇对自有资金进行管理。偶然一次在银行网点，杨先生和一位理财经理谈起自己的苦处，理财经理马上建议杨先生开通网上银行。理财经理说开通了网上银行，不仅可以在银行网站上购买理财产品，还能购买其他投资产品，由于付款时必须通过网上银行证书支付，因此，资金非常安全！杨先生很快就摸熟了网上理财产品的购买方法，发现这种购买理财产品的渠道，不仅不受网点限制，而且网上银行的证书支付安全可靠，保证了交易的安全性。用银行的网上银行证书支付购买理财产品,既快捷、方便又安全。

二、营销方法

(一) 重点营销对象

(1) 在网点柜面发生交易较为频繁的客户。

(2) 具有一定的财富基础和理财需求的中高端客户。

(3) 容易接受新鲜事物,经常在网上购物、喜欢体验新型生活模式的年轻人。

(二) 营销模式推介

1. 营业网点现场营销

营业网点现场是个人网上银行营销的主要阵地。注重对现有客户交易数据进行动态分析和筛选,考察个人目标客户在网点办理业务的频度、业务种类、资金流量、交易频率进行有针对性的产品推介。在网点开辟网上银行现场演示体验区,对上门客户进行直接营销推介,并引导其体验网上银行等电子银行产品的功能,使其有一定的认同度与使用欲望。整体从渠道申请、激活手续、客户回访等方面提高营销效率。

2. 客户经理主动营销

客户经理主动到开通该行工资卡、办理代发代收企业以及与该行关系较好的企事业单位上门营销推介,向个人持卡客户推介网上银行。个人客户经理要通过寻找批量客户定向营销等方法,充分利用现场营销、上门营销、媒体营销、网络营销等手段,展开地毯式的营销。对新开通网银客户通过电话回访的方式了解其使用情况,特别是应当开设合理的售后服务机构,提高客户满意度,增强客户的忠诚度。客户经理对批量客户要坚持上门营销,通过客户培训、安装调试、指导操作及定期回访等营销服务工作,提供个性化、差异化、亲情化的优质服务。

【营销思路启发】整合营销

营销工作中宜采取多渠道营销方式提高个人网上银行用户渗透率。一是结合银行卡客户发卡,采用捆绑营销,引导客户使用网上银行;二是通过组织各种网上理财等促销活动,提高市场占有率;三是鼓励内部员工宣传和营销网上银行业务,对拓展客户的员工进行计划性培训,进一步提高员工营销网上银行业务的专业性、积极性。

整合营销是电子银行产品营销的致胜法宝,配合以形式多样的优惠活动更是可以进一步扩大电子银行客户群体的重要手段。

任务七 手机银行营销

手机银行主要是面向个人客户,享有账户查询、漫游汇款兑付、修改查询密码、挂失账号、转账汇款、缴存各类通信费用及生活费用等转账服务。

营销方法

(一) 重点营销对象

(1) 网上银行个人注册客户。

（2）年轻时尚客户群体。

（3）商务人士。

（二）营销模式推介

1. 渠道整合营销

一是由于中小型批发市场、集贸市场上下游的业主之间大都采用个人现金结算的方式，而且在这些市场又往往缺乏网络等，因此，在这一领域，智能手机普遍应用、推广"手机银行+网上银行+短信服务"组合服务模式。二是瞄准中高等学校与务工人员较为密集的大中型企业单位，采用"手机银行+短信服务"营销服务模式，主动开展手机银行的营销。三是要针对收缴费领域推广应用手机银行。在收缴费领域中，由于涉及的项目众多、金额较小且具有日常性又容易被交费人忽视，采用"手机银行+短信服务"不仅能满足客户的需要，更能使客户体验到银行的优质服务。

2. 目标客户营销

对网上银行个人注册用户进行再度营销。在筛选交易频率较高的网上银行个人用户的基础上，以满足客户在无法运用网上银行操作时的金额交易需要；同时，针对网上银行的新用户展开捆绑营销，在客户注册网上银行的同时推介手机银行，引导客户同时注册网上银行与手机银行。

在商务人士中推广手机银行的应用。对于很多需要经常出差又商务交往较多的商务人士来说，手机银行是其"掌握"银行的最理想工具。

3. 与通信运营商联系营销

主动与移动、联通等通信运营商进行沟通，在协作共赢的基础上开展多种多样的营销宣传活动。

任务八　电子银行业务营销

一、银行卡取现/存现业务

大堂经理：您好，请问您需要办理什么业务？

客户：我想从卡里取点钱。

大堂经理：您好，如果您取款金额不是很大的话，建议您去自动取款机上取款，本行自动存取款机可提供3 000～5 000元以下的单笔取款，这样您也很方便，不用排队等候。（大堂经理此时应引导客户到自助设备前协助客户取款。）

大堂经理：您好，请问您需要办理什么业务？

客户：我想往卡里存点钱。

大堂经理：您好，如果您存款金额不是很大的话，建议您去自动存取款机上存款，本行自动存取款机可提供10 000元以下的单笔存款，这样您很方便，不用排队等候。（大堂经理此时应引导客户到自动设备前协助客户存款。）

大堂经理：您好，请问您需要办理什么业务？

客户：我想办理一张银行卡。

大堂经理：您好，请您填写个人业务申请表，（在指导客户填写的同时，向客户介绍本行的手机银行和网上银行及自动银行的业务功能）。

大堂经理：您好，请问您需要办理什么业务？

客户：我在贵行代发工资，不知是否到账？

大堂经理：您好，先生（女士），本行有网上银行业务，您可以在家、办公室或出差中随时查询款项是否到账；另外，本行还有手机银行业务您可以随时随地进行账户查询；现在窗口人比较多，您可以用自助银行进行查询（引导客户进行自助区，指导客户如何使用自助银行，让客户放心认可并使用本行的电子银行）。

二、缴费业务

大堂经理：您好，请问您需要办理什么业务？

客户：我想交电费（水费、燃气费、电话费）。

大堂经理：本行自动设备现在可以缴纳各项费用，无须排队，缴费方便。请您到这边，我来帮您操作（大堂经理此时应引导客户到自助设备前协助客户办理其所需缴费业务）。

您在的小区是否开通了双向网（是否可以办理高清电视业务点播），如果已具备，本行可免费为您办理电视银行业务，您可以足不出户就完成缴费业务，还可以给省内其他城市用户缴纳费用，操作简单、方便。

您还可以免费办理本行的网上银行或手机银行的同时，开通短信通知业务，以后您无论是出差还是在办公室都可以进行缴费业务，很方便，免去跑银行的等候时间，办理业务时还可实时收到短信余额变动提醒。（注：目前各分行网上缴费的种类有所差异，具体可缴费用种类根据各地区系统实现功能。）

三、转账、汇款业务

大堂经理：您好，请问您需要办理什么业务？

客户：我想转账（汇款）。

大堂经理：您好，客户。如果您是本行卡转账请到这边的自助银行进行转账（并指导客户完成业务操作）。

（同时，向客户介绍本行的网上银行和手机银行业务）本行可免费办理同行和跨行转账业务，让您随时随地完成交易，完全可靠。如果开通短信业务，还可通过手机接收到绑定银行卡的交易余额变动情况。请问您是否愿意体验一下，我来帮助您办理并教会您使用。

任务九　个人贷款业务营销

个人贷款，又称零售贷款业务，是指银行或其他金融机构向符合贷款条件的自然人发放的用于个人消费、生产经营等用途的本、外币贷款。目前，一般银行的零售贷款中心都可办理用于个人消费用途的个人贷款。

一、银行消费贷款业务优势

(一) 客户经理业务专业,金融方案量身定制

银行个人贷款客户经理不仅需了解全套个人消费贷款业务操作流程,还在要业务办理过程中全程跟随、全程指导、全程帮助、提供贴心服务。银行个人贷款客户经理不仅了解个人消费贷款的相关业务流程,同时还具备更广泛的金融服务知识,包括个人业务中的银行卡业务、信用卡业务、电子银行业务、个人理财业务、小企业个人经营贷款业务及其他融资业务,以及公司类法人类贷款等业务知识。

(二) 消费贷款手续简单,业务办理方便快捷

借款人仅需提供本行认可的身份证明、户籍证明、婚姻证明、收入证明,根据品种的不同,提供其他证明材料即可申请贷款,审批通过后符合放款条件的最快当日即可放款。

(三) 总分机构垂直管理,产品需求迅速处理

管理部门与经营部门搭建通畅的业务沟通平台,业务办理过程中遇到的任何问题均能快速得到回复;同时,经协机构会将客户提出的业务需求及时上报,管理部门根据客户需求灵活处理业务,并紧跟市场研发适合业务发展的新产品。

(四) 产品体系一目了然,涵盖生活方方面面

个人消费贷款产品体系不仅包括综合消费贷款、个人贷款、个人房屋按揭贷款、尊享贷款、个人出国保证金贷款、汽车消费贷款、有价单证质押循环贷款等品种在内个人消费贷款产品体系;同时,还能提供装修、婚庆婚宴、婚纱摄影、婚戒婚饰、蜜月旅行、汽车消费等用款及相关一条龙服务。

二、业务营销亮点

(一) 个人房屋按揭贷款业务种类全、易审批、可循环、条件宽

银行房屋按揭贷款涵盖一手、二手住房及商用房按揭,独立产权车库(位)按揭,公积金委托按揭贷款等。一手、二手楼盘合作额度项下业务审批链条短,无须上报至授信评审部。客户经理在办理业务时可选择是否循环,额度期限内可随时申请使用按揭项下的额度。

对于借款人家庭月收入不超过 4 000 元的无须提供单位开具的近 3 个月的收入证明佐证材料,如夫妻在同一户口簿且婚姻在持续期间,经客户经理认定的可以不用提供婚姻证明。

二手房屋按揭贷款支持后置式按揭,同时对符合下列条件之一的房屋,按照交易合同价格确定抵押物价值:①贷款额度在 400 万元(含)内且不超过本次交易合同总价的 40%;②房龄在 3 年(含)以内,按前一次(购房发票金额)及本次成交价格孰低原则认定抵押物价值。

【营销思路启发】吴先生在一家事业单位工作,目前月收入为 4 000~5 000 元,具有稳定的经济来源。一年前,吴先生计划今年结婚,为了能给他的未婚妻一个真正属于自己的家,吴先生决定通过银行按揭贷款买下自己早已看中的一套房子,作为送给未婚妻的新婚礼物。

吴先生拿出自己大部分的积蓄交了 30% 的首付款,同房屋卖方签订了商品房买卖合同;

同时，吴先生选择了某银行办理余额为 23 万元的按揭贷款。在吴先生提供了相应的身份证明、经济收入证明等相应资料后，银行通过调查确认，在所有的申请条件都满足的情况下，立即给吴先生办理了按揭款。吴先生选择了期限为 20 年的等额还款方式。

现在，吴先生已经完婚入住这套房子，在属于自己的一片天地里过着温馨的二人世界。尽管每个月都要拿出一部分资金用于还款，但这并不影响吴先生二人的生活质量，反而在压力下更有工作劲头了。

（二）综合消费贷款用途广泛，利率灵活，手续简便

银行综合消费贷款项下业务可抵用抵押、质押、保证等多种担保方式进行贷款担保，利率标准在总行利率政策指导下由分行根据风险定价自行设定。

在借款用途上，该贷款可用于商业用房、汽车、家具及大额日用消费品的购置款项，也可用于旅游、装修、医疗、学费等大额消费及其他合法消费用途的款项。该贷款用途广泛，涵盖了消费生活的方方面面。

【营销思路启发】李女士是某大学正式在编教师，平均月收入在 5 000 元以上。3 个月前李女士刚刚结婚。马上寒假快要到了，加上老公还有年假未休，于是她计划和老公去南方旅游，以弥补没有蜜月之旅的遗憾，但由于新婚不久，二人还没有多少积蓄，于是李女士决定向银行申请个人消费信贷 3 万元作为旅游资金，计划还款期限是 24 个月。

李女士了解到某银行有个人综合消费贷款产品，便致电该银行客服，客服向其推荐了一名客户经理。客户经理经过详细沟通，告知了李女士需要准备的贷款资料，与此同时，由于贷款有"循环"功能，在额度有效期内，借款资金可循环使用，不使用时并不产生利息。客户经理建议李女士多申请些额外额度以备不时之需，李女士欣然同意。

在李女士提供了相关申请材料，并按要求办理了相关手续后，顺利办理了 3 年期 10 万元的贷款循环额度；同时，发放了第一笔 1 年期 3 万元的款项用于旅游度假。2 个月后，李女士的老公通过了研究生入学考试，李女士又申请了 2 年期 2 万元的款项支持老公求学深造。

（三）其他消费贷款对象特定、用途特定，申请使用随心随意

针对特定的人群，特定的借款用途，本行在综合消费贷款的基础上还分别为出国留学人员、高端客户、新婚人士量身定制了贷款方案，且贷款手续简单，办理方案能满足上述人群的信贷资金需求。

【营销思路启发】金融危机、就业压力和外币贬值三大因素促成留学最佳时机的到来。很多家长和学生认为现在到海外留学，可以一石三鸟：一是金融危机直接带来外币贬值，每年可以节省大量留学开销；二是避开因金融危机造成的国内大学生就业压力；三是金融危机结束后，留学回国在就业中可以有更强的竞争力。

然而，尽管有留学需求的人很多，但同时也有很多人因为一时的资金短缺，难以踏上留学之路。借助银行出国保证金贷款之力，可以快捷地圆您留学之梦。

如何证明您有在国外完成学业的资金实力？保证金拥有足够数额，在银行存满规定期限的保证金，是顺利通过签证的必要条件之一。

但不少客户很难一下子拿出那么大一笔保证金，或是因为资金本身数额不够，或是资金

数额够了，但是银行存期不够半年以上。怎么办？这种情况，可以向银行申请出国留学保证金贷款。

三、业务营销方法

（1）与房地产开发商开展联谊，举行产品推介会；与相关中介机构合作，结合按揭衍生产品进行组合营销。

（2）通过媒体、广告向社会推介本行房屋按揭贷款产品。

（3）向置业顾问推介本行按揭产品及优惠服务，争取更多按揭服务。

（4）在贷款审查审批中提高工作效率，符合贷款条件的客户，将审批时间周期压缩到最短。

（5）对于不同条件的客户，可采取不同的利率方案，以此为契机带动其他相关业务的营销。

（6）二手房屋贷款的营销特色为：地理位置优越、交通便利、物业配套设施完善、成新度高、变现性强的住宅项目和位于核心商业区、商业氛围浓厚、空置率低，有稳定现金流的临街商业用房，住宅配套商铺应位于大型社区靠近核心公共区域或市场交通主干道两侧并有较旺盛的人流。

（7）与评估、公证、保险等机构达成协议，现场办公，减免部分费用，减少业务办理时间。

（8）与相关产权登记部门做好沟通工作，缩短各项权证的办理时间。

（9）向客户宣传本行直客式二手房屋按揭贷款以及后置式房屋按揭贷款，利用无相关中介费用和办理流程的简便性吸引客户。

（10）推广本行房屋交易结算资金托管业务，为买卖双方建立一个平等互信的平台。

（11）与家装公司、婚庆公司、建材市场、家具卖场、家电卖场、旅行社、出国中介机构、婚姻登记机构、婚宴酒店、婚纱摄影机构、婚戒婚饰卖场、汽车4S店等涉及个人消费领域的相关机构建立长期合作关系，扩大业务覆盖层面。

（12）利用媒体广告、组织户外宣传活动，冠名相关消费领域的促销活动进行营销。

（13）对于存量按揭客户及时回访，了解客户的其他消费性资金需求，与合作机构推出家装团购活动、新婚婚庆团购、举办集体婚礼活动等一条龙服务。

（14）对在本行代发工资的符合相关条件的机构进行营销，例如，医院、学校、政府机关等，抓住批量办理消费贷款的契机。

（15）多宣传并采用循环额度授信，客户可选择使用短期的单笔借据，到期还款后如有其他消费资金需求继续办理下一笔单笔贷款，节省审批时间，缩短办理时效。

（16）对于符合条件的优质客户以发放小额信用贷款为营销切入点进行营销。

（17）与汽车生产厂家及其合作经销商建立战略合作协议，开展联谊活动，举行车贷产品推介活动。

（18）通过媒体、广告和社会推介本行汽车消费贷款产品。

（19）提前调查了解本机构存量大客户存款情况，通过介绍有价单证质押贷款品种来赢取大额存款，给予客户一定的循环授信额度。随借随还，随取随用，实现存贷款双增长。

项目三

金融服务营销训练

根据金融服务客户各种不同的功能,将营销分为大堂经理、高柜柜员、对私客户经理(理财师)、对公客户经理、客服坐席员、网点现场管理、对私客户经理(个贷信贷员)七个方面进行训练。

任务一 大堂经理业务训练

训练1 都是银行的客户

情境

个体户荣先生被"A支行"列为VIP客户。由于持有VIP卡,荣先生每次来"A支行"办业务都可享受优先的权利。

8月3日,荣先生到顺便路市场收货款,由于收取的是现金,出于安全考虑,他就近到一家与"A支行"同属一家银行的网点办理通存业务。荣先生提着大包现金进入营业厅,为了优先办理就向柜员出示了VIP卡。

荣先生:"请帮我存一下款吧!"

柜员:"您这是'A支行'的VIP卡,不是我们支行的。"

荣先生:"你们不是与'A支行'同属一家银行吗?"

柜员:"是的,但'A支行'才是您的开户行,存款算在他们名下啊!"

荣先生:"同属一家银行,怎么还有他的客户和你的客户之分呢?"

分析

(1) 银行VIP客户各网点应一视同仁。"来行办理业务只能到开户行办理"的说法不符合一级法人的治理结构,有损于银行形象。

(2) VIP客户服务的利益分配应通过总分支行内部协调解决。比如,当存款结算户在

"A支行"的VIP客户到"B支行"办理业务时,"B支行"应令其享受同等国民待遇,而分行则应在考核中通过内部协调合理换算存款量和业务笔数。

思考并分小组角色演练

作为大堂经理,你会怎样处理这类问题,会把客户拒之门外吗?

训练2 发现同事说错了,怎么办?

情境

客户高先生跳槽后想把原来的工资卡注销了,就近来到一家营业厅办理。

柜员:"先生请问办理什么业务?"

高先生:"哦,我要销户。"

柜员:"对不起,您这张卡不是在我们这里开户的,请麻烦到开户网点办理销户。"

高先生正要离开,引导员走上前来。

引导员:"搞错了!搞错了!现在改了,任一网点都可以销户。"

柜员:"我没错!不能销户啊!"

引导员:"不信?我拿文件给你看。"

高先生:"我到底该听谁的?"

分析

(1)服务口径要统一。从案例中可以看出,内部人员对客户"说法"不一,往往会使客户对这家银行的员工产生业务不熟、管理不上档次的感觉,这种体验常常会影响银行的整体美誉度。

(2)纠正同事错误要讲究艺术性。若发现同事说错了,应该说出让客户听起来"有道理"的原由,求得客户谅解。应对得当,合时的话、美好的语言能帮助银行员工赢得客户的心。

思考并分小组角色演练

在现场碰到同事对业务解释错误时,你会怎么办?

训练3 硬币的故事

情境

某分理处地处胶东最大的小商品集散地——三站批发市场,因主要客户都是三站批发市场的小业主,通过全国通汇入、汇出的现金量非常大,平时柜台业务就异常繁忙。7月25日,虽然天气非常凉爽,但分理处的营业大厅里却别有一番热闹忙碌的景象。早上一开门,办理业务的客户就特别多,五个临柜员工都在紧张有序地处理着业务,谁也没有注意到一位大妈带着犹豫的神情走了进来。大妈看了看柜台前面长长的队伍,又慢慢地走近柜台看着忙碌的临柜员工,一副欲言又止的样子。她在柜前转了几圈之后,深深叹了一口气,就往门外走去。

其实,自从大妈走进分理处的大门,她的举止和神情就被大堂经理看在了眼里。见此情况，大堂经理赶紧喊住了大妈，亲切地问她有没有什么需要帮助的。经了解，原来大妈家里积攒了一大包硬币，想兑换成百元面值的人民币，这些天她走了好几家银行，但都被以种种理由婉拒了。今天一大早，她抱着试试看的心理来到某行的这家分理处，没想到大厅里人这么多，每个柜员都是忙忙碌碌的，看来这趟又白跑了。

大堂经理听完大妈的述说后，赶紧对她说："没事，大妈，您一会儿把零钱送过来，我们帮您兑换。"大妈闻听此言赶紧回家把钱拿来了。大家接过钱袋迅速清点起来。为了减少大妈的等候时间，后台的柜员也赶紧放下手头的工作，两个人清点，一个人整理，连分理处主任也加入点钱的行列中。不一会儿，那些硬币就被全部清理完毕，总共是4 171元。当换好的百元大钞放到大妈手中的时候，大妈感动得话都说不出来，非要把这4 171元存到分理处，还一个劲儿地说："钱虽然不多，但这是我的一片心意。我回家后要把存在其他银行的钱都转来这儿存。我还要告诉我的亲朋好友和邻居们，你们的服务态度真是一流的。"

这时，在大厅里排队等候办理其他业务的客户纷纷称赞起来："这里的服务真是做到位了！"

分析

（1）服务工作要有高度的责任感：对银行来说，只要客户有业务，每个银行员工都要全力以赴。分理处的员工自觉践行了员工最基本的职业素质和责任意识。

（2）服务工作要体现团队精神："千斤担子大家挑，众人拾柴火焰高。"分理处虽然指标多、任务重，但遇急事难事应不分分内分外，只有凝聚力强的集体才是战斗力强的集体。

（3）服务工作要有执行力：在银行日常工作中客户需求就是命令，分理处的员工在"服务客户"这个需求面前，不计个人得失，自觉维护大局利益，体现出很强的执行力。

思考并分小组角色演练

你碰到类似客户，是把他推出去，还是请他留下并为他服务？

训练4 客户在营业厅争吵怎么办

情境

7月21日下午，客户李阿姨因刷信用卡积分换礼品问题，与营业厅中的柜员发生争执，无论柜员如何解释，生性急躁的李阿姨就是不听，在营业厅大声诉说自己的不满。

李阿姨："你们银行就会骗人，积10 000分才换个杯子。"

柜员："阿姨，我们没有骗您。"

李阿姨："你这丫头就会骗人，你们大家来评评理，都不要把钱存在这里。"

这时，柜员都被阿姨的大声指责吓得不敢说话，低头处理手中的业务。阿姨见没有人理会她，更加火冒三丈。前来办理业务的其他客户对营业厅的秩序顿生愤懑，大堂气氛十分嘈杂。

分析

客户需要被关注。客户表示不满，情绪激动时，需要有人关注，并给她发泄和倾诉的机会，如果不予理会，她会更加激动。营业网点主管和大堂经理应及时出面安抚客户。当客户在公众场合言辞激烈时，不应视之默然，也不便在公众场合当即解释，而应将客户引领至会客室倾听其"唠叨"和"责问"，使其感受到关注和尊重。当客户情绪稍有平息后，再作出合情合理的解释。此时，客户需要的是聆听，而不是解释。在服务中要体察客户的心理需求，做到因势利导。

思考并分小组角色演练

如果你是主管或大堂经理，碰到这类情况你会怎么办？若你是柜员，又会怎么办？

训练5 若柜员错了，大堂经理该怎么办？

情境

2月14日，客户高先生丢失了钱包，钱包内有多张银行卡。打电话挂失后，高先生来到银行营业厅办理有关手续。

高先生："小姐，我的银行卡丢失了怎么办？"

柜员："噢，按银行规定，应先挂失，再凭身份证补办手续。"

高先生："我打电话挂失了，不过我想，这张卡平时不用，就注销算了。"

柜员："是要销户吗？销户要先补办手续后才能办理，请您支付15元补卡手续费。"

高先生声音大了起来："这太不合理了吧！"

大堂经理见状走了过来，对柜员说："你搞错了！规定改了，现在可以直接办理销户了！"

柜员："没人通知啊！规定不能销户的！"

大堂经理："不信？我拿文件给你看。"

高先生："你们银行怎么这么混乱，是不是有机会就乱收费啊？"

分析

（1）柜员要学会安抚客户。客户丢失银行卡后前来柜台办理挂失，心里一定非常着急，柜员应该"急客户之所急"，对其进行适当安抚。

（2）尽力挽留客户是柜员的责任。开发一位客户的成本是挽留一位客户的成本的数倍，客户资源不容轻易流失。当客户提出销户时，柜员应尽力挽留，不能语气生硬地强调按规章制度办事。

（3）柜员应及时知晓必要的业务规定。对上级下发的文件，网点应及时组织学习和传达，以免造成内部员工的说法自相矛盾，损害客户利益。

（4）银行内部员工之间应保持沟通顺畅。柜员和大堂经理之间缺乏有效沟通，将矛盾直接暴露在客户面前，有损银行形象。

思考并分小组角色演练

（1）作为专业的银行服务人员，你是如何开展人性化服务的？
（2）作为网点负责人，你是如何避免上级文件滞后落实等管理漏洞发生的？
（3）作为柜员，你的服务语言是否能给客户以宾至如归的感觉？
（4）柜员在给客户办业务时，若碰到不符合制度规定的情况，该怎么办？

训练6 扣划年费折射出的服务缺失

情境

一位老大爷前来某银行营业厅办理"新股随心打"业务。经办的大堂经理和柜员热情接待了他，迅速为其办理了借记卡，并告知老大爷，该卡的年费为10元，在开通"新股随心打"业务时，也强调了扣款时卡上需要有6万元。

不久，这位老大爷怒气冲冲地来到营业厅。大堂经理立刻上前问道："大爷，您有什么事吗？"老大爷说："我上个月办理的'新股随心打'怎么没有帮我打新股呢？这下我的损失大了！"经过大堂经理的查询，发现老大爷在办理"新股随心打"业务签约后，曾在借记卡中存入6万元，但由于他属于新办卡，存款当晚，系统自动收取了借记卡年费，造成客户卡中的备用金不足6万元，无法参加"新股随心打"中的新股申购的活动。老大爷得知情况后，情绪非常激动，坚持认为是银行没有尽到告知义务，使他在不知情的状况下蒙受了损失，并提出赔偿要求。网点负责人再三地解释和道歉，并贴补了部分损失，方才平息了他的怨气。

分析

（1）在客户新办卡和签约"新股随心打"业务过程中，柜面服务人员虽然明确了借记卡年费的收取规定，但是没有强调其收取方式，因此，造成客户申购新股时账户资金不足。

（2）随着银行个人金融产品的不断丰富，作为柜员，如果能够真正想客户之所想，应尽可能把可能遇到的问题考虑全面，把服务做得细致。

（3）如遇上述情况，柜员应及时提醒客户，关于借记卡年费扣划的方式，建议其先将10元年费存入，避免年费扣划后造成卡内资金不足。类似情况还有很多，例如，客户提出开办存折，柜员要主动询问其用途；例如，客户是办理还贷业务，应为其开具结算账户而非储蓄账户，以避免客户往返变更帐户类型。

思考并分小组角色演练

（1）作为柜员，你是否掌握了每一项业务的重点和要点？
（2）你能够耐心细致地为客户提供每一次必要的提醒服务吗？
（3）你是如何对新客户提供全面细致的关联产品宣传和服务提示的？

训练7 从"抱怨"到满意靠什么？

情境

王女士是某知名品牌在某地的市场总代理，她不但生意火，而且脾气也火。每次来支行汇款，王女士总是一阵抱怨："你们银行网点少，人又多，除了汇款我从不来的……"柜员试着跟她解释，可解释多了，她的情绪反而更加激动，使沟通变得异常困难。

有一天，王女士急匆匆地到支行柜台，反映自己双利账户里的5万元不知去向，还怀疑银行的账务有问题。由于王女士的账户交易频繁，短时间内查不清原因，因此，为了避免激化矛盾，大堂经理便把她引导到低柜区，建议她先回公司上班，支行这边帮她仔细查询账户明细。经过一番努力，终于找到3个月前王女士提前支取5万元的交易记录，支行立刻通过电话联系她，并得到确认。

几天后，王女士到支行办理业务时，不慎将一张银行卡遗忘在柜台上，大堂经理发现后，第一时间联系她，并告知，支行已将银行卡妥善保管。当天晚上7点多，王女士忙完生意赶到支行取银行卡时，看到大堂经理还在为此事专门等待她，表示十分感谢。

大堂经理顺势抓住她的这一心理转机，虚心请她对银行的服务提出意见和建议，以打消她此前对银行服务的误解。了解到王女士的需求后，大堂经理又向其详细介绍了沃德财富客户专享的服务优势，并得到其认可。经过一段时间的跟进营销，王女士正式成为该行的沃德财富客户。

此后，王女士每次来支行办业务时，不仅没了抱怨，还主动与工作人员讨论投资理财话题。为进一步提高客户满意度，支行始终保持对其进行电话回访。持续的优质服务拉近了双方的距离。

分析

（1）服务是一个过程，客户是在一次次感受银行服务的过程中来积累满意度的。

（2）挑剔的客户可能就是优质的客户，也可能是银行的目标客户，挑剔的客户是银行服务提升的助推器。

（3）如果银行员工都能在坚守本职岗位的同时，形成服务上的互补，让客户在享受服务的每一道环节上都能保持良好情绪，那么银行的服务流程将更加顺畅，可以降低服务成本，提高服务效率。

思考并分小组角色演练

（1）作为柜员，你在对待客户抱怨问题时，是否真正去寻找原因并主动加以解决？

（2）当客户对服务不满时，你是假装不知还是主动解决问题？

（3）你如何理解服务与营销的关系？

训练8　真正把方便留给客户

情境

某日，离营业时间结束还有几分钟，某支行营业厅的大堂经理接待了一位前来办理定期存款提前支取业务的老先生。在业务办理过程中，得知老先生因为老伴重病住院需要用钱，家中的现金不够，只能提前支取即将到期的定期存款，因此，大堂经理建议他可以用定期存款办理该行的小额质押贷款业务，这样既可以解决燃眉之急，又可以减少因提前支取而带来的利息损失。虽然此时支行的营业时间已过，但大堂经理还是耐心地指导老先生填写有关内容，并帮助他在自助设备上办理了小额质押贷款业务。当一切手续办妥之后，老先生高兴地离开了。大堂经理在班后整理时，发现了老先生遗忘在柜台上的身份证，马上拨打老先生的手机，得知他因在医院照顾老伴而无暇取回身份证，于是，下班后没有马上回家，而是冒着酷暑将老先生的身份证送去医院。第二天，老先生特意打电话到支行表示感谢，而这位大堂经理只是淡然一笑："为客户着想是我的责任。"

分析

（1）此案例充分展现了真诚细致的服务，在感动客户的同时，也树立了银行的品牌形象。

（2）大堂经理对客户进行合理的业务指导，不仅方便了客户，为其减少了损失，还拓展了银行的业务。

思考并分小组角色演练

(1) 你是怎样理解优质服务的内涵的?

(2) 你是如何处理服务成本与服务收益之间的关系的?

训练9　细节赢得客户，口碑造就品牌

情境

2007年8月某日，高校教师孟女士来到某支行，大堂经理接待了她。孟女士说："我昨天收到了你行发送的关于基金拆分的短信，今天专门来详细了解一下情况。还有，我在家用不了贵行的网银，输不了密码，不能登录，该怎么办?"大堂经理向她介绍了将要拆分的基金成立日期、分红情况及历史业绩等情况，并提供了其他较相宜的基金资料，给客户以多方面参考。最后，又在计算机上为她演示了下载并安装网银"安全控件"及在网银上进行基金交易的操作。

多次与该客户接触后，大堂经理感觉到孟女士是一位很有潜力的客户，于是，向她介绍了开具沃德财富账户的准入标准及所能享受的增值服务。孟女士高兴地说："我以为我的资产不够标准呢，原来凭他行的贵宾卡也可以办你们的沃德财富卡!"然后，她还表示，等别的存款到期后就转过来，因为她认为在银行了解的信息多，而且从网上购买基金方便，费率还低。在孟女士填写申请表时，大堂经理把这一情况向支行沃德客户经理进行了简单汇报，沃德客户经理过来与孟女士进行了详细沟通并留下了电话，告诉她，如需帮助可以直接联系。事后，该行客户经理判断，孟女士身边的人应该都比较有潜力，便多次主动与她联系并了解其需求，然后，告诉孟女士，若有满足条件的亲朋好友，也可以推荐他们前来办理沃德卡并享受贵宾服务。

几日后，孟女士果然带她的朋友前来办理贵宾卡，并继而从他行转款过来;同时，还为自己的爱人办了一张沃德财富卡。她兴奋地说："我爱人常出差，飞来飞去，有了你行的沃德财富卡就方便多了!"孟女士临别时表示，在该行办理业务的过程很愉快，她还会介绍朋友、同事来办理业务的。

分析

(1) 本案例是支行日常工作中的一个普通事件。在业务办理过程中，支行的大堂经理与客户积极沟通并了解其需求，化被动为主动，使营销获得成功。

(2) 在保证对普通客户服务的同时，更侧重于对高端客户的挖掘与维护，以促进业务的快速推广。

(3) 注重客户需求的同时，应分析客户背景，从而找到更多突破口进行营销。

(4) 通过口碑效应赢得客户的肯定，但在老客户又推荐了新客户时，应对老客户表示感谢，做好客户关系维护工作。

思考并分小组角色演练

(1) 作为柜员你是否给客户提供了全方位的服务?

(2) 在客户服务方面，该支行人员还应采取哪些更有利于营销的举措?

训练 10　用理智与情感服务

情境

2007年2月14日,春节刚过,一位中年女性急步走进某银行营业厅,从她的神色可以看出,她非常焦急。这位客户进门后,大堂经理立刻迎上接待。经过询问得知,原来这位客户是来办理第三方存管签约业务的,然而,问题出现了……

辛女士的父亲辛老先生已经是耄耋高龄,并且因为身体原因,行动不便。多年前,辛老先生为了证券交易,办理了该行的银证转账业务。目前,该行与证券公司系统升级后,要求客户重新签订第三方存管协议,否则将不能办理银证转账业务。涉及资金问题,客户自然十分着急,但根据该行规定,第三方存管协议只能由客户本人亲自来签约。

大堂经理向客户耐心解释了该行的规章制度,表达了规章制度的制定是出于对客户资金账户安全负责的考虑。大堂经理的耐心解释,赢得了客户的理解与支持。辛女士将靠轮椅行动的辛老先生带到了该行营业厅。在大堂经理等人的帮助下,辛老先生亲自到柜台办理了第三方存管签约业务。

业务办理完毕后,辛女士和辛老先生都非常满意,对大堂经理非常感激,并在支行客户意见登记簿上留下了对该行的高度评价。

分析

(1) 银行制度是铁制度,但处理具体问题则需要细致妥帖。考虑到辛女士父亲的身体状况和其本人当时的焦急心态,如果处理不当,辛女士很有可能会认为银行在故意为难她,因此,导致其情绪激动,不配合办理业务。这就需要银行工作人员进行细致的解释工作,做到兼顾客户的心情和业务的处理,真正站在客户的角度,表达对客户心情的理解和为客户解决问题的真诚之心。

(2) 制度无情人却有情,要为特殊客户提供特殊服务。辛老先生亲自来到营业厅,业务已经可以顺利办理,但后续的服务工作并没有结束。当日,因为辛老先生行动不便,他的其他子女也过来了。业务办理的过程中,辛老先生需要方便,支行工作人员积极参与了帮助,用实际行动表达了银行对客户的理解和尊重,最终使客户满意而归。

思考并分小组角色演练

(1) 你是如何掌握客户情绪、处理尺度的?
(2) 你是如何对待弱势群体客户的?
(3) 如果服务做得更到位,银行员工可否上门服务?

训练 11　优质服务 = 态度 + 知识 + 技巧

情境

上午9点,一位女士匆匆忙忙来到营业大厅,对大堂经理说:"今天早上6点多,我老公来你行ATM取款2 000元,机器没吐出钱,可卡里的余额却少了,怎么办?"大堂经理耐心地向她询问了当时的情况,将取款人的卡号、姓名、联系电话记录下来,并宽慰她不要着急,请她先回去上班,查询并核实相关记录后,再跟她联系。

女士走后，大堂经理马上对 ATM 进行了轧账处理，并与核心系统数据进行核对，发现账务正确，并未发现长款现象。ATM 的流水记录显示，当时，客户在该 ATM 取款 9 500 元，并操作了 5 次，其中第 3 次交易不成功。于是，大堂经理马上打电话联系那位女士："您是否总共取款 9 500 元，结果只拿到 7 500 元？"她说："是的。"大堂经理说："我们查看了相关记录后，发现您在取款时第 3 笔的 2 000 元没有成功，你可以先到发卡行查一下卡的账务情况，那笔钱如果扣款了，过几天发卡行计算机系统会做回冲处理。"女士回答说："明白了。"中午时分，那位女士拿着流水清单来到营业厅说："我去查过了，钱扣走了。"大堂经理又耐心地向她解释："这种情况是通信系统偶发性故障造成的，相关报表要到明天才能看到，您先不要着急。"这位女士便放心地回去了。第二天一上班，大堂经理马上通过核查报表，发现那位女士的银行卡只成功取出了 7 500 元，于是又一次给她打电话说明了情况，并告知她，过几天计算机会自动将钱款冲回发生问题的账户。

不久，这位女士来支行时说："我的那笔钱回来了，谢谢你那么有耐心，以后我会经常来办理业务的。"过了几天，她将其他银行中的存款转到该支行，并存成定期。

分析

（1）客户服务人员的出色之处在于迅速了解客户的需求以及解决客户问题的能力。不同客户对服务有不同要求，即对服务的期望值不同。作为客户服务人员，时刻要用理解、真诚、专业勉励自己。

（2）专业知识是保证优质服务的前提，客服人员必须具有扎实的业务知识才能够为客户及时迅速地解决问题。处理问题准确和迅速，才能使客户对自己和银行产生信任。

（3）服务态度很重要，服务技能也是十分必要的。客户服务人员有热情和积极的态度，还要善于倾听，了解客户真正需要什么，抓住主要问题并及时解决，用良好的沟通技能为客户提供高品质的服务。

（4）设身处地为客户着想。作为客户服务人员，能够经常进行换位思考并分小组进行角色演练是非常重要的。站在客户的角度去思考并分小组角色演练，才能为客户提供良好的服务。

思考并分小组角色演练

（1）你能在办理任何业务时都对客户有足够的耐心吗？
（2）你能永远保持站在客户的立场上为其提供增值服务吗？

训练 12　耐心服务赢得忠实客户

情境

某日，安静的营业厅内传来一位客户抱怨的声音，经常来该行办理业务的高波女士，因为她认为自己的信用卡内的消费额度与实际消费金额有出入，所以非常激动地对柜员谭慧抱怨："你们银行的信用卡账务一点都不明确，我明明没有花那么多钱，怎么金额差那么多，这让我以后还怎么相信你们呢！"柜员谭慧说："您请坐，先不要着急，请将您的信用卡交给我，我立即给您详细查询卡内的额度。"柜员经过查询，将实际的余额告知客户，但该客户还是认为银行出了问题。此时，营业厅内客户较多，为避免这位客户的不满情绪影响其他客户，大堂经理董奕耐心地对这位客户说："您好，我是大堂经理董奕，我基本上已经了解了您反映的问题，现在请您跟我到办公室来商量解决好吗？"高女士仍然非常激动，起身就离座说了句："我现在有急事处理，你们不查清楚，我就投诉你们！"

客户说罢就匆匆离开了。对于银行工业人员来说，客户就是上帝，绝不能让客户没有弄清事件原委就去投诉。董奕和谭慧将此事汇报会计主管肖杰。肖杰听后，立即作出指示，一定要马上联系客户并查明原因。大堂经理很快通过柜面查询到客户的电话，并打电话告知高女士："本行柜面不能查询信用卡的明细，但是可以通过网银查询明细。"客户强调她不会使用网银，并且说她工作的单位在旅顺郊区，距离银行太远。大堂经理耐心地与客户沟通，并表示将为客户提供打车费。该客户终于为银行的诚意所打动，决定返回银行。

高女士来到该行时，大堂经理主动迎上，并将客户引导至理财区，打开计算机详细询问客户对哪笔金额存在疑问，为其逐笔核对，并在查询的过程中提示客户："是否存在消费时，刷卡不成功的交易。"客户沉思了一会儿，想到了有一次她已经刷卡输入了密码，但是因为线路不通，商场收银员又让她交了现金。当真实情况水落石出，该客户为错怪了银行而表示歉意，还要将银行给她的打车费返还，并表达了要与该行保持长期合作的愿望。过了几天，该客户把存在其他银行的存款全部转到该行，还把单位账户也开了过来，同时，还为女儿和丈夫每人办理了一张附属卡。

分析

（1）为客户服务时，专心、耐心、细心和全面，将换来客户对银行的忠诚度、信任度和满意度。

（2）应当普及信用卡相关知识。虽然很多客户申请了信用卡，但并没有完全了解其功能与风险。银行要注意服务的持续性，尽可能告诉客户通过电话银行或网银办理业务。

（3）投诉并不可怕，它可以让银行员工及时了解自己在服务上的不足，并通过有效优质的服务让客户进一步了解银行，加深双方的感情。

思考并分小组角色演练

碰到不给解释机会的客户，你会怎么办？

训练13　服务到位方能为客户解决实际问题

情境

某日下午，某客户到柜台进行银证转账业务，柜员迅速为其办理业务，但系统提示"签约关系不存在"。

柜员："您是否已签第三方存管协议？"

客户："我经常转进转出，怎么可能没签第三方存管协议？"

柜员："您的卡是否挂失过？"

客户："我刚补的卡"。

于是柜员为其进行"对私签约变更银行卡"交易，但核心系统提示"交易密码错误"。柜员认为客户输错了交易密码，重复做了几次交易后，系统仍提示"交易密码错误"。柜员再三询问客户银行卡密码及证券资金密码是否有误,客户的回答仍是无误。柜员通过"客户查询卡余额"交易,确定银行卡交易密码无误后,告知客户其证券资金密码可能有误,建议客户到证券公司确认密码。这时已接近股市收盘时间,客户表示第二天再去。

第二天,会计主管接到该行客户经理的电话,证券方认为该客户的证券资金密码没有问题,应该是银行系统有问题。会计主管立即咨询参数中心,参数中心人员也认为是客户证券资金密码有问题。会计主管马上与客户联系,请他到证券公司重置密码。当客户得知情况后,情绪非常激动,坚持认为是银行操作有问题,导致其资金无法转出,一怒之下,拨打该行的投诉电话进行投诉。

为帮助客户解决问题,会计主管随后陪同客户到证券公司重置密码。客户密码重置后再到银行柜台办理业务,柜员为其进行"对私签约变更银行卡",交易取得了成功。此时,客户才知道错怪了银行,一再道歉。

分析

(1)该行外挂系统较多,其与核心系统数据库不一致,若一旦系统连接不稳定或数据不匹配时,则柜员无法判断问题所在,因此,不能及时解决客户问题。

(2)如遇上述情况,柜员应立即判断出问题所在,不宜一再要求客户核实银行卡交易密码,以避免客户情绪激化。作为柜员,如果服务能够更细致周到,业务更熟练,也许结果截然不同。

思考并分小组角色演练

仅熟悉业务是否能把工作做好?

训练14 用心发现优质客户

情境

某日,某支行营业厅走进一位衣着简陋、肩负"蛇皮"背包的中年男子。在接受了大堂经理的业务引导服务后,他环顾大厅,接着在休息区坐下来,没有任何办理业务的意图。过了一段时间,保安判断该男子是闲散人员,欲上前对其盘问。此时,大堂经理注意到该情况,再次上前对该男子进行咨询服务,了解到该男子想办理一笔异地向本地卡转账的业务,但对卡卡转账业务的方便、快捷、安全性有所疑惑。经大堂经理推荐介绍,他办理了一张银行借记卡,并打电话告知汇款方账号。几分钟后,对方回告已转账,他马上查询卡内余额,发现汇款确实已到账。至此,该男子对卡卡转账业务与服务甚为放心、满意,随即打开背包,取出数十万元现金,存入了该支行。不久,该客户被发展成沃德财富客户,购买了多款个人金融产品(以下简称"个金产品")并保持着稳定的存款金额。

分析

(1)大堂经理在营业厅发挥的作用不仅仅是简单的引导、咨询及业务介绍,同时,还承担着发现潜在合作客户的职能。

(2)在挖掘潜在合作客户时,不能单凭其外表作判断,而应多注重客户在细节上的表现,从而获取有利于开展工作的信息。

（3）银行营业厅管理应松紧有别。当营业面积宽敞、大堂秩序井然、座椅条件较好时，不宜紧盯每一个借座人员，而宜宽以待人，以显示银行的大度。

思考并分小组角色演练

（1）支行营业厅大堂经理设置的必要性及优越性有哪些？
（2）当客户在支行营业厅里休息时，保安及大堂经理应如何接待？
（3）大堂经理在工作中是如何关注每个细节的？

训练 15　"循环使用信用卡周期"巧营销

情境

有一位前来咨询的女士迎面走向某支行营业厅轮值的大堂经理。
"您好，请问您需要办理什么业务？"
"我要把这张贷记卡销户。"
"能冒昧地问一下您销户的原因吗？"
"因为这张卡是为了帮银行的熟人完成任务才办的，我已经有好几张银行贷记卡了，我不想有太多的卡！"

贷记卡的五大特点、十大好处确实在国内银行业相似，因此，若在这位女士面前宣传这些卖点似乎有些没必要。怎样才能留住这位客户呢？一个平时用卡的思路在大堂经理脑中浮现。

"女士，能否占用您几分钟时间，让我向您介绍一下我平时的用卡方法，好吗？"
"可以。"
"假设我有 4 张不同银行的贷记卡，它们的信用额度平均为 2.5 万元，账单日分别为 5 日、15 日、22 日、27 日，每次我消费透支时，均使用那张刚过账单日的贷记卡，这样我就可以享受其近 30 日的免息期，再加上从账单日到还款日之间有近 20 天时间，综合起来，我每月就可以充分享受 50 日免息期和近 10 万元的无息贷款了！"
"原来这贷记卡还有这般好处，那我就按您的方法试一下！"
"好的，若您再有任何问题，欢迎随时咨询，祝您用卡愉快！"

大堂经理向客户介绍的方法，就是"循环使用信用额度及周期"，即把几张贷记卡的不同账单日及信用额度进行综合利用，把免息期和信用额度最大化。

分析

（1）用专业知识解决客户的金融服务需求，从而吸引和挽留客户，往往会事半功倍。
（2）大堂经理换位思考，提出巧用信用卡的循环周期，使客户心服口服，避免银行因其销户而产生的损失。可见提升服务质量不仅需要微笑，还需要善成为"有心人"，及时总结并改进工作方法。

思考并分小组角色演练

（1）如何在提升服务中为客户提供有效的增值服务？
（2）你在工作中是如何有效维护和挖掘潜在合作客户的？

训练 16 想得更周到，服务才能更完美

情境

一天，柜员在和客户交谈的过程中了解到，这位客户因近期股市下跌而不敢入市，不少资金正闲置在外。于是，柜员就向他介绍了双利理财产品，告诉客户若签约了双利理财产品，借记卡中暂时不用的资金就会自动享受七天通知存款的利息，比活期存款划算很多，而且取款也和活期存款的取出一样方便。这位客户一听，很感兴趣，马上签约了双利理财产品。

过了十多天，这位客户来支行营业厅时很不高兴。原来是因为他在外地购货过程中本来准备刷卡付款，可是卡上的钱刷不出来；向商家解释，又不给通融，没办法，只有硬着头皮向朋友借钱付了货款，他觉得很没面子。柜员和主管赶紧向客户道歉，然后，告诉他以后若碰到这种情况该怎样解决，还帮他办理了银信通业务，以方便了解每一笔款项的去向。客户见银行工作人员如此真诚和热情，也就消了气，还办理了一张 VIP 卡。

分析

（1）当客户在接受银行工作人员为其选择的产品后，银行工作人员就应该多站在客户的角度去想想其可能会遇到的问题，然后，帮客户想好解决方法，时间一长，客户就会对这个银行产生信任，这样，银行才能长久地留住客户，让他成为最忠实的客户。

（2）在和客户交谈的过程中银行工作人员要多去注意客户的性格和习惯，比如，若遇到的客户是做事小心谨慎的人，就应建议他开通银信通业务，让他随时随地可以了解资金动向。细微的小事能够体现柜员的专业和细心。

思考并分小组角色演练

（1）在实际操作中，你碰到过哪些类似的问题，是不是在后续的操作中都进行了总结？

（2）在介绍业务时，你有没有真正站在客户的角度考虑问题，帮客户解决实际操作问题？

任务二 高柜柜员业务训练

训练 1 用真情换取信任

情境

二月的某天，一位大娘从远处向某支行营业厅急匆匆走来。大堂经理赶紧上前搀扶：“大娘，刚下过雪，门口路滑，您可千万小心。”可是这位大娘很生气地说：“都是你们不好，害得我又跑一趟。我昨天在这里取的一万元，怎么今天早上一点就不对了呢？整整少了 2 000 元。”看着大娘很激动的样子，大堂经理为避免影响其他客户，便诚恳地说：“大娘，您千万别着急，这钱一定少不了。”看她情绪稳定一些，大堂经理便顺势把她引领到贵宾室，并给她沏上热茶，请她详细介绍当时的情况。之后，支行营业厅的其他工作人员又找出当时的监控录像回放，让这位大娘亲自确认当班柜员清点现金及付款的过程，继续热情地帮

大娘查找原因。正在这时，大娘的儿子找来了，并再三解释原委。原来，昨晚他请朋友吃饭，发现身上的钱不够，情急之下拿了大娘的钱，但忘记告诉她了。这时大娘也是满脸通红，非常愧疚，连声道谢并夸奖支行营业厅的工作人员服务态度好。大堂经理赶紧劝慰："大娘，您千万别客气，这是我们应该做的，钱找到最要紧，我们为您高兴！"此后，这位大娘成了这个支行营业厅的忠实客户，不但把家里所有的积蓄都存到该支行，而且，大娘的儿子还成了沃德财富客户。

分析

（1）服务是一门艺术。客户遇到长短款的问题常有发生，处理这类事情首先要有耐心，客户急而你不可急，应先耐心听取客户讲述，再给予妥恰的处置。

（2）服务需要爱心。服务时，应设身处地为客户考虑，并细心找出问题所在，这样才会使客户感动。

思考并分小组角色演练

若客户遇到长短款问题来支行营业厅交涉，你会怎样处理？

训练2　为了感动客户，可以委屈自己

情境

3月的某天，一位中年女士带着一个十一二岁的小女孩来某支行营业厅办理存款业务。经办员在清点现金时，发现其中夹杂一张假币并作出收缴处理。该女士见状后，像失去理智一般，开口大骂，听不进任何解释，坚持要求经办员将假币退还。经办员为平息她的火气，倒了一杯热茶给她，却被她打翻。热水溅到经办员的脸上和身上，她强忍心中的委屈，始终坚持使用文明用语，"请"字当先，并耐心向她解释。这时那位小女孩被经办员的诚恳打动，便帮经办员一起劝自己的母亲说："这位阿姨服务态度这么好，咱们也得讲点道理，发现假币应该交给银行，这是国家的规定啊。"那位女士一听自己的孩子都这么说了，便不再坚持，临走时留下一句："要不是看你的服务态度好，我不会放过你的！"这时，在场的客户也开始纷纷谴责这位女士，同时，一个劲儿地夸奖经办员的服务态度。

分析

客户来自四面八方，文明程度和道德水平也千差万别，在服务的过程中，经常会遇到坚持原则和满足客户愿望之间发生矛盾的情况，这就需要银行工作人员具有一种高度的职业责任感，即使个人受到委屈，也应始终如一地为客户提供文明服务，坚持原则不动摇。

思考并分小组角色演练

碰到蛮不讲理的客户，你会耐心对待吗？

训练3　本该避免的客户哭诉事件

情境

2007年5月17日，一位老年女客户持一张2004年12月17日开立的3年期5万元定期存单到某支行营业厅办理取款业务。柜员在审核客户递交的存单后，请客户背书签字（提

前支取规定程序），客户按银行要求进行背书后，又在柜员递出的本金和利息单上签字确认，至此，业务办理完毕。当客户接过利息清点时，大惊失色，询问柜员，为什么只有704元，而不是3 970元。客户要求柜员复查，柜员经查看原存单，核实了存款日和取款日后，告知客户，利息的计算没有任何问题，由于没有到期，因此，这笔存款全部按活期计息。客户认为，她从存单上看到的是2007年2月到期，此笔存款不仅到期且已过了3个月。她表示如果没到期就不取，立即要求退回去。柜员告诉她，您的存单应为12月到期，这12月的"1"字与存单表格的纵线重合了，您因没看清，误以为2月到期。现在您已在单据上签字确认，柜员实在没有权限将其更改恢复。客户的情绪立即失去控制，在营业厅里又吵又闹，又找到分行提升服务质量办公室对支行进行投诉。该客户刚走进提升服务质量办公室就大哭，声泪俱下，声称人老了眼睛不好使，把钱存在银行也要亏3 000多元的利息，这实在不公平，请求银行能够理解她的心情，作退账处理。分行提升服务质量办公室几经协调，与分行会计部商议进行当天抹账处理，终于解决了这个问题。当天下午，该客户特地打来电话，表示万分感谢分行领导和员工给她解决了问题；同时，还为上午给她办业务的柜员求情，称自己没有听清楚柜员的提示，请求不要处分他。

分析

（1）柜员在操作中应为客户着想。本案例中的柜员只管流程正确、不顾客户需求，没有针对不同客户群体实行差异化的个性服务，也没有采取积极主动的态度，在办理过程中再次提醒客户，若现在取款则属于提前支取，并站在客户立场向客户计算并比较提前支取的利息差异，耐心和客户沟通。

（2）打印错位的存单，当时就应该更正并加盖名章。开立存单时，若柜员有严谨的工作态度并及时作出更正，本可以避免客户因误读而产生的不必要损失。

（3）此笔存款按提前支取税后利息仅为704元，到期支取为3 970元，两者相差了3 266元。两相比较，客户利息收入损失较大。柜员没有换位思考，没有站在客户的立场，急客户之所急，服务意识不到位。

（4）沟通能力不强，处理不灵活。柜员发现因存单打印日期错位造成的后果，应先道歉："由于我们工作的疏忽，给您带来不便，对不起。"当客户要求取消提前支取操作时，应马上请示会计主管，并在制度允许的情况下，经授权后作当天抹账处理，以免引起客户投诉。

思考并分小组角色演练

（1）柜员应如何处理正常操作和优质服务的关系？

（2）柜员碰到因服务不到位而造成客户有意见时，该怎么办？

训练4 真诚的力量

情境

某日，一位姓尹的中年女客户到某支行营业厅办理"得利宝"到期转存业务，柜员接待了她，然而，当柜员为其办完账户更新业务并将单据交给尹女士后，意外的事情发生了。

"我的钱不对,利息不对,我存了1万美元,利息怎么少了?这可不行,你们银行得给我赔偿。"尹女士在柜台前拿着单据看了半天,说道。这句疑似对柜员服务"不满"的话,引起了所有某支行工作人员的注意。

此时,当班的库管员赶忙走上前来,在了解了情况后,他一边向尹女士解释着,一边帮柜员清算利息。一遍、两遍……连续计算了好几遍。焦急的尹女士再也等不及了:"不对不对,利息不对,今天我还有事,你们算好后给我打电话,如果算不好,我就把钱全部取走,存到其他银行,人家也有理财产品……"尹女士甩手离开了。

客户是银行工作人员的衣食父母,就算尹女士真的决定要把资金转存,银行工作人员也应该负责任地把资金核对清楚。抱着这样的想法,接下来的时间,库管员和柜员在支行领导的指导下,再次对这笔业务进行清算,然而,却总还是有一点误差。想再找尹女士了解、核对一下,可不知什么原因,她的电话总是无人接听。

客户利益无小事。库管员和柜员立即将此事向副行长进行了汇报。得知此事后,副行长高度重视,他与检查辅导员一起查找到尹女士购买"得利宝"时的原始资料,并查看了影像记录,将其购买"得利宝"的明细一笔一笔写清楚,列出公式进行计算……

功夫不负有心人。经过反复核对、清算,再核对、再清算,事情终于在当天晚上9点多水落石出。

原来,尹女士购买过两笔"得利宝":其中,一笔是2006年1月27日购买的;另一笔则购买于2006年8月16日。由于"得利宝"是3个月分红一次的,因此,利息中包含了第一笔"得利宝"1万美元的3次分红。这样算来,尹女士的利息分毫不差。

事情搞清楚了,但就是与尹女士电话联系不上。如何通知她呢?在与支行行长商量后,支行决定派员工根据客户在签订购买"得利宝"委托书时留下的地址登门拜访;然而,尹女士留的是单位宿舍地址,位置不详,这可难坏了办事的员工。为了让客户早一点弄清原委,不耽误客户的工作,第二天一大早,两位员工拿着列好的公式、计算器,踏上了寻找尹女士的路途。几番周折,他们终于找到了尹女士。当银行工作人员把两笔"得利宝"利息的细节一五一十地告诉尹女士后,她看着疲惫而一丝不苟的员工,感激不已,当即决定将家中的现款存到该支行。两天后,尹女士将"得利宝"到期的1.6万美元本金连同利息合并在一起,全部购买了新一期"得利宝"。

分析

(1) 良好的服务态度是化解矛盾的前提。良好的服务态度来源于高度的责任心,客户利益高于一切的责任感驱使银行工作人员不厌其烦,一遍又一遍地查找原始资料、计算核对数字,最后令人信服地消除客户心中的疑虑,使问题得以圆满解决。

(2) 处理复杂问题的技巧和能力是解决问题的关键。试想,若柜员不熟悉柜面业务,对客户购买银行理财产品的习惯不了解,对利息计算的业务不娴熟,则很可能找不出"利息怎么少了"的原委。

思考并分小组角色演练

(1) 柜员在处理好类似问题中应该把握好哪几个环节?
(2) 管理部门和技术系统应给予哪些帮助呢?

训练5 自动还款为何不成功?

情境

客户张先生持有一张太平洋双币信用卡,2007年11月10日为张先生的账单日,信用卡中心通过邮寄账单的方式告知客户当期的欠款金额,并请客户于当期账单的到期还款日——12月5日之前还款。2007年12月4日,张先生至某支行营业厅签订自动还款协议,柜员告知张先生,11月账单上的欠款会在最后还款日当天(即12月5日)通过自动还款从借记卡中扣除,故张先生把钱存到了借记卡中。

其实,根据目前信用卡自动还款协议中的扣款规则,客户需要在当月账单日之前5个工作日至柜面签订自动还款协议,该月的自动还款功能方能生效,因此,张先生在到期还款日前一天(即12月4日)签订的自动还款协议是不会对11月的账款进行自动还款的,从而导致张先生的账户处于拖欠状态,并由此产生了利息和滞纳金,而张先生直至收到12月的账单,方知自动转账还款未成功。同年12月20日,张先生致电客服热线投诉当班柜员,并希望银行对由此产生的费用进行处理。

支行工作人员得知此事后,立即通过电话联系了张先生,并向其表达了歉意。经过查询,支行工作人员发现为张先生办理业务的柜员是新员工,对业务不熟悉,回答错误,致使客户未能及时还款,后张先生于12月下旬至该支行办理了还款手续,当时支行的大堂经理为表达歉意,赠送了一份挂历给该客户,但未将该客户的情况汇报给支行领导。现张先生另行通过客服热线进行投诉,支行领导已经责令经办柜员赔付客户相关利息及滞纳金,并与客户沟通,取得了张先生的谅解。

分析

(1)业务知识不扎实。自动还款协议的签订是柜面贷记卡的主要业务,由于柜员对牵涉客户利益的重要业务环节没有牢固掌握,因此,在客户咨询是否可以通过自动扣款来还当期账单欠款时,无法给出正确信息。

(2)缺乏客户服务技巧。对于客户的咨询,柜员在无法给出准确信息时,应及时寻找其他途径,以获取正确信息提供给客户,避免用含混不清或者错误的说法搪塞客户。

(3)在已经造成客户利益损失的情况下,柜员没有采取积极主动的措施缓解客户的不满情绪,特别是当客户再次来到柜面还款时,而只是为客户办理了基本的业务,赠送了小礼品,但没有从客户的角度考虑问题,主动提出减免费用,这才导致了客户的二次投诉。

思考并分小组角色演练

(1)在业务更新和品种扩展快的大环境下,应该如何通过合理有序的培训和自我学习来提高业务能力?

(2)处理客户投诉时,应该注意哪些方面?

(3)在本案例中,业务人员可以通过哪些渠道获取更加准确的信息,以避免投诉的发生?

训练6　一次销卡业务引发的服务问题

情境

2007年11月某日，客户王先生至某支行营业厅办理销户业务，等候半小时后，柜员告知其不能办理。王先生表示卡片已挂失，为何不能办理？且要求柜员拨打客服热线确认。柜员同意后让王先生等待，片刻后告知王先生客服热线无法打通，不能为他办理此业务。

王先生回家后再次拨打客服热线，在接通人工坐席后，讲述了自己的情况。由于王先生的卡片已办理挂失且有溢存款，若人工坐席直接受理其销卡请求，则将导致王先生在销户后既无卡也无凭证，无法再从网点取出账户中的溢存款，因此，人工坐席告知王先生，他只能到网点去办理销卡业务，王先生表示同意再去某支行营业厅办理一次。最后，王先生在某支行营业厅用手机拨打客服热线，交由柜员接听后，才最终办妥销户业务。

对此，王先生很生气，认为柜员因他是普通客户便服务不周，而且对业务不精通，遂对该柜员进行了投诉。

分析

（1）服务不热情。客户让柜员致电客服热线咨询，柜员才致电，且在未打通客服热线后也未主动请示上级领导该如何处理问题，而是直接回绝客户。

（2）业务不熟悉。柜员因对无卡销户的贷记卡基础业务受理流程不熟悉，以至于客户三番五次至网点办理此业务。

（3）业务处理灵活度有待提高。在客服热线无法打通的情况下，未能及时拨打客服热线咨询相关业务。

思考并分小组角色演练

（1）如果你是客户，那么得到这样的服务，你会满意吗？

（2）请客户配合银行的工作是常事，但反过来，银行工作人员应该如何为客户及时提供便利的服务呢？

训练7　"还不清"的"欠款"

情境

7月30日，贷记卡客户陆先生前往某支行营业厅进行还款。因为之前其账户曾经产生过逾期利息，而且之后将前往异地出差，故此次还款时，客户希望能一次结清所有欠款。在还款时，客户特别要求某支行营业厅为其算清所有账户欠款，包括可能会出现的利息等财务费用。由于柜台系统中只能查询到当时总信用额度和卡片原信用额度，对在账单日才会结算出的利息无法查询，故网点告知客户的欠款金额并非包括将出现的利息部分。

客户还款后一直认为自己已无欠款，便出差离开当地。实际在客户还款后，到账单日，产生了2.42元利息，又由于客户之后未能关注账户情况，导致逾期4个周期，产生了多达40元的滞纳金以及在信用报告上的逾期记录。

直到催收人员与客户本人电话取得联系，客户才明白原来其账户已经欠款这么久，便向银行提出投诉。

信用卡中心投诉处理部门在接到客户投诉后与客户联系，解释了利息的由来和产生的原因，另再向客户解释了某支行营业厅当时的查询情况，最终化解了客户的不满。

分析

（1）服务技能欠缺。柜员在已了解到张先生账户曾经发生过逾期，就应该考虑到账单日才能产生利息的问题，并且客户一再表示"希望能一次结清所有欠款"，并特别要求柜面清算所有账款，而柜员对此却毫无反应。

（2）柜员缺乏主动服务意识。在明知系统存在局限性、某支行营业厅柜员无法给予精确账务信息的情况下，柜员没有主动提出解决方案，并且未给客户任何提示（如利息应在哪天产生、请客户在具体日期之后再关注账户情况等），而是直接将系统中查到的数据作为依据告诉了客户。

（3）服务流程考虑不够全面。按照目前的催收流程，对于这种金额很小的欠款，考虑到客户的感受是不会在发生逾期的第1、第2个周期里进行催收的，这虽然提高了一部分客户的满意度，但并没有顾及由于疏忽而导致逾期的客户，反而激发了矛盾。

思考并分小组角色演练

（1）银行可以主动采取哪些措施避免客户账户发生逾期？
（2）应该怎样才能使银行工作人员在对客户的账务提醒服务上做得更完善？
（3）应该如何优化不同逾期原因客户服务的催收流程和方式？

训练8 多说一句话，发卡数十张

情境

某日中午，前来某支行营业网点办理业务的客户不是很多，一位二十岁出头的年轻人向4号柜台走来。

柜员小程："您好，请问您需要办理什么业务？"

客户："信用卡还款。"

柜员小程："好，请问您这是多少钱？"

客户："1 000元。"

柜员小程："请问这是您的信用卡吗？"（当这位客户正在签字的时候）

客户："哦，不是我的，是我爸的。"

柜员小程："是您爸爸的呀？那请问您办过我们银行的信用卡吗？"

客户："没有办过。"

柜员小程："那您怎么不办一张呀？我们最近新推出了一种叫'Y-POWER'的信用卡，这种信用卡是专门针对年轻人设计的。只要年龄为18~30周岁、2003年以后毕业，大专以上学历的，现在只需凭身份证就可以办理。您也许知道，以往办信用卡一般必须是重点单位才能办，又要介绍信又要工作证，程序比较烦琐，而现在，我们新推出的这种信用卡的各方面要求都简单多了！怎么样？您想不想办一张？"

客户："只要是2003年以后毕业的，大专以上学历的，凭身份证就能办？不再需要任何手续吗?"

柜员小程:"对,只要符合条件,只需要身份证就可以办理。这种信用卡各方面都比其他信用卡好很多。比如,透支现金额度是您总额度的百分之百,而其他信用卡则只能透支总额度的一半。还有,这种信用卡的透支取现手续费是按每笔5元收费,而其他信用卡则是按百分之一收费的,而且,这种信用卡只要单笔消费满500元就可以进行分期付款。如果您想办的话,现在只需要填张申请表就可以了。"

客户:"那好吧,听你说得这么好,那我就办一张吧!"

柜员小程:"呵呵……不是我说得好,是这种信用卡真的挺适合咱们年轻人用的。我想让您办这卡的目的,其一是因为我们有任务,其二是我真觉得这卡不错,咱们都是年轻人,我跟您也比较好沟通。您回去也跟您的朋友推荐一下这种信用卡,帮我完成点任务。给,这是我的联系卡,上面有我的电话号码,如果您的朋友需要办理信用卡,可以直接给我打电话。"

还没到下班的时候,这位客户就给小程打电话了,说他的朋友需要办信用卡,明天自己会带他们来支行营业厅。就这样,没过两天,经过小程对这些客户的耐心解释,他们不但自己办了信用卡,还发动身边的朋友帮小程介绍了好多客户,不到两个星期,支行就发出30多张信用卡。事后,这位客户还发短信给小程,说真的特别感谢他的推荐,因为他当时正好也很想办这种卡,就是因为开介绍信麻烦,所以才一直拖着没办,还说小程真是给他介绍得太及时了。

分析

善于与客户沟通,将会了解并激发客户潜在的购买欲望,在与客户的沟通过程中,了解其需求,有针对性地开展营销,往往能达到最佳效果。

思考并分小组角色演练

你除了为客户提供正常服务以外,还会再努力一把吗?

训练9 让客户知道错在哪里

情境

4月20日,A贸易行的财务人员到某支行营业厅取回单,发现有一张上月开出的1 000元结算罚款单,就去找银行讨说法。

财务人员:"为什么要罚我们1 000元。"

柜员:"罚款回单上有说明,自己看吧。"

财务人员:"我看不明白。"

柜员:"你们经常开出空头支票,收款人老在柜台前吵,可把我们害苦了。"

财务人员:"为什么不早告诉我们?"

柜员:"这不有罚款回单吗。"

财务人员:"……"

分析

(1) 对常见违规现象应善尽提醒之责。作为客户服务人员,有义务维护客户利益,对那些常见客户违规并可能带来不利影响的现象，应为客户着想，及时作出提醒并提出防范建议，以引起客户的足够重视，避免此类事情再次发生。

（2）对客户受罚给予必要的关切和同情。当处罚产生时，银行工作人员的态度是关切，还是幸灾乐祸？帮助客户得到更大的利益，才是服务的本质。每当客户违规受罚时，银行工作人员都要耐心指出原因，分析对策，并私下问自己一句："我尽到提醒的责任了吗？"

思考并分小组角色演练

客户碰到这类问题来理论，你将如何解决？

训练10　碰到蛮横的客户，柜员该怎么办？

情境

某日，客户前来某支行营业厅柜面要求查询借记卡账户余额。柜员请客户出示身份证，客户称未随身携带任何证件，但仍然要求查询账户余额。柜员解释说银行文件规定，若不能出示有效身份证件，则不得为客户进行账户余额查询，请客户到自助设备上进行余额查询。客户说不会使用自助设备，还是要求在柜面查询。此时，柜员仍然坚持原则不予办理。客户见没有商量的余地，就开始向柜员发火，说了一些不太入耳的话。柜员觉得很委屈，与客户理论了几句。客户彻底激怒了，变本加厉地数落了柜员一番，又拨打了客服热线进行投诉。最后，客户在很多人的劝慰下愤愤不满地离开了某支行营业厅。

很快，某支行接到客服热线人工坐席询问，开始处理客户投诉。支行营业厅大堂经理立即致电该客户，在电话中向客户解释了银行的有关业务处理规定，真诚地检讨了在整个事件处理中的不当之处，并一再向客户表达歉意。最后，支行营业厅大堂经理应客户的要求，带当事柜员登门道歉，此事才最终平息。

分析

（1）客户在多次诉求得不到满足的情况下，必然会影响心情，情绪随时可能出现失控，柜员此时理应谨慎行事，尽量站在客户的立场上考虑问题，多说一些能够博得客户谅解的话，尤其语气一定要亲切和蔼，让客户找不到发泄口。

（2）既然在柜面不能为客户解决问题，又知晓解决问题的其他渠道，那么完全可以让客户满意而归。该支行营业厅行柜员欠缺的是在客户提出不会使用自助设备时，没有主动提出带客户去自助设备辅导其进行查询操作，没有真正树立"客户至上"的服务理念。

（3）在听见客户与柜员交谈出现矛盾时，大堂经理就应立即将客户引导至其他地方，了解其需求，协助其完成余额查询操作，这样，客户才能心情舒畅。

思考并分小组角色演练

（1）柜员坚持原则，不受理客户的请求难道不对吗？为什么还要登门道歉？

（2）若客户在支行营业厅中大吵大嚷，大堂经理该如何应对？

训练11　高柜柜员该怎样参与营销？

情境

某支行营业厅的一名柜员受理了一笔大额存款业务，他边点钱边与客户攀谈，询问客户的存款去向和余额，并向客户推荐沃德财富卡、双币信用卡及各种理财产品，结果引起后面排队客户的强烈不满，指责该柜员上班时间工作不专心、不务正业；同时，该大额存款客户也露出不悦的神情。

分析

（1）一心二用容易造成差错。柜员不应该边工作边与客户攀谈，这样做容易造成差错，还会降低工作效率，而且，即使营销，也要适度，在客户较多时应该控制好营销尺度。

（2）没有掌握客户的心理。大部分人不希望别人知道自己有大额存款，尤其是在公众场合。

（3）没有掌握营销技巧。柜员遇到这种情况，应及时将客户介绍给大堂经理，让其帮忙为客户介绍业务，配合做好营销服务工作。

思考并分小组角色演练

（1）柜员应如何做到快速办理业务、对客户进行营销的同时，也让其他客户满意？

（2）柜员的主要职责是营销还是快速处理并分流客户？

训练 12　制度执行能否更好地结合实际？

情境

一月初某日的下午，一位老年男性客户至某支行营业厅柜面办理存单支取业务。当时，柜员正常受理该客户支取业务并顺利办理，但最后关头却出现了问题。当柜员要求客户在取款凭条上签名确认时，老年男性客户要求道："以前好像不用签嘛！我不会写字，能否通融办理一下？""对不起，按新规定必须由客户签字确认，您可以找其他客户帮忙代签。"老年男性客户环顾四周，营业厅并无其他客户，便再次要求道："没有人能帮我，你帮帮忙吧！""我们不能直接帮客户，要不找一下大堂经理或者保安吧。"经办人员回答。客户走到大堂经理处要求帮忙代签，大堂经理面露难色说："对不起，按制度规定银行人员不能随便帮忙，要不等等看有没有其他客户帮忙代签吧。"这时老人家不由得情绪激动起来："就你们银行，规定变来变去，我以前就是不用签字的，你们就得把钱给我！"大堂经理赶紧安慰老人，将其领至经办柜面。经过协商，大堂经理决定留存客户的身份证复印件，并由客户在复印件及取款凭条上按指印，办结了付款手续，但老年男性客户还是余怒难息，临走时念叨着："太麻烦了，以后不来存款了！"

分析

（1）对特殊客户应采取相对灵活处置的方法。老年客户情况特殊，不能以"制度规定"等理由简单地拒办业务，也不能在矛盾激化后再去想办法解决，更不能让客户进行违反规定的操作，找人代他签字，而应该主动与其协商并解决。

（2）柜员就制度向客户解释的立足点应面向客户。例如，可以从保护客户利益、防范客户资金风险的角度出发进行解释，而案例中的银行工作人员解释的立足点明显只是保护自身，拒绝承担责任。

（3）柜员未执行首问负责制。遇到服务上的疑问应主动与外勤人员或上级管理人员协调，不应让客户自己找大堂经理解决问题，而大堂经理也只是对客户进行简单解释，而未主动协调解决问题。

（4）银行工作人员服务用语不规范。如使用了"不""不能"等服务禁语，解决问题的方式也太过简单粗糙，因此，银行工作人员服务水平及服务技术有待提高。

思考并分小组角色演练

（1）银行工作人员如何能真正确立"客户为中心"的服务理念，从而更好地为客户服务？

（2）银行工作人员应如何切实提高服务水平，如何保证操作的规范性和服务的灵活性能够较好地结合？

（3）如何避免客户误解，化解制度变化对客户造成的影响？

（4）客户不会写字等特殊情况在郊区的支行营业厅中应该是较为普遍的现象，能否针对一些特殊情况制定统一的处理办法？

训练13　用真诚留住客户的心

情境

7月某日，一位大学老师到某支行营业厅办理托收票据时，被退了票。当银行工作人员打电话通知该客户托收业务退票，并需负担退票费时，客户非常气愤且坚持己见，认为对方是自己的女儿，绝不可能退票，并借口天气炎热，没有时间到支行来，更不愿意承担退票费。

在当天营业结束后，该支行员工携带国外银行扣费报文的复印件和对方退票的传真件，到客户家中当面解释。可还没等柜员开口，客户就愤愤不平地直言："退票是银行的责任，跟我没关系。"对于客户激动的情绪，该支行员工耐心地介绍情况并进行解释，客户的态度也逐渐有所缓和。经过员工的进一步劝说，客户同意通过网络与自己的女儿取得联系。当得知退票原因是账上留存金额不足，完全是由自己女儿的疏忽造成的时，客户深感愧疚，连连说："对不起！对不起！我误解你们了。"

第二天一大早，客户赶到该支行交了退票费，并一再表示今后的票据托收业务依然放在该行做。事后，客户还主动介绍熟人到该支行营业厅办理业务。

分析

（1）真诚能够打动客户的心。银行工作人员人员，在日常服务中，若被客户误解，则一定要保持耐心，冷静思考，找出事情真相，有理有据地说服客户。

（2）专业素质会加深客户对品牌的认同。与客户的矛盾时有发生，当客户充分感受到银行工作人员在化解矛盾时表现出的专业素质和高度的责任感时，就会加深对本行服务的信赖和品牌认同。

思考并分小组角色演练

（1）该柜员的哪些行为反映出真诚待人、客户至上的服务理念？

（2）与客户发生矛盾、被客户误解时，你会采取哪些方法来快速平复自己和客户的情绪？

（3）面对曾经误解你的客户，你还会一如既往地用真诚为其服务吗？

训练 14　指导性规定和客户需求发生矛盾该怎么办？

情境

客户韦先生急切地来到某支行营业厅办理取款业务。柜员问："您办理什么业务？"韦先生说："我要取 1 500 多元现金。"临柜人员没有给韦先生办理，而让他到外面 ATM 机上去取。韦先生对柜员说："ATM 机取款是整数的，不能取零头，排队的人又很多，我是搭别人汽车来的，汽车还在外面等我，能否给我办一办？"柜员还是无动于衷，不肯为其办理，并说："本行有规定，取款 2 000 元以下的，通过自助渠道办理。"韦先生说："我是经常来你们这里办理业务的，你是否可以给我办理一下？"在韦先生的一再坚持下，该柜员才办理了该笔业务。韦先生非常不满意地离开了该支行营业厅，心里越想越生气，于是，他致电分行服务质量办公室，投诉了该支行。

分析

（1）柜员没有进行换位思考，硬套了制度。
（2）柜员缺乏主动服务意识，工作态度不端正。

思考并分小组角色演练

（1）柜员的工作是否做到位了，柜员是否可以更灵活一些？
（2）柜员真正为客户着想了吗？应该怎样做好客户服务？

训练 15　是否在用"心"服务

情境

某日，客户李先生来到某支行营业厅，手持一张"自治区非税收入一般缴款书"（以下简称"缴款书"），要求缴款。男柜员问："缴什么钱？"同时将另一位女柜员招呼过来，女柜员接过客户的"缴款书"，看后说："缴不成！"她并没有解释原因，然后，长时间对客户不理不睬，致使客户非常生气地离开支行营业厅。事后，客户致电分行服务质量办公室，对该支行进行了电话投诉。

分析

（1）柜员遇有突发事件应做好告示解释工作。遇到网络不通，暂时不能办理业务的情况，柜员应及时向客户解释说明，这是服务工作的基本职责。
（2）柜员对待客户态度不端正。表情冷漠，说"缴不成！"后，就不再理睬客户。客户受到冷遇，感到特别气愤，故而投诉。如果柜员服务很到位，主动说："非常抱歉，网络出现故障，现在正在排除，请您稍等片刻。您先坐会儿，请喝杯水"，客户就会表示理解的。

思考并分小组角色演练

（1）礼貌用语、站立服务、微笑服务应如何落实？
（2）从柜员服务不到位现象，如何分析银行培训工作存在的缺陷？

训练16　三声服务和微笑服务是如何养成的？

情境

小张第一次面对客户时，虽然已经经过行里的服务培训，可还是有些不习惯，不好意思开口，怎样都觉得别扭。当看到客户往柜台窗口这边走，小张心里立刻紧张起来，脸涨得通红。"这样不行，放松点，人快到了，就说一次。"小张在心里暗想。"您好，请问您办理什么业务？"随着这一句话的说出，小张松了一口气。待熟练地把客户的业务办完后，他又努力说出了"谢谢""请慢走"，第一次做到了"来有迎声，走有送声"。

经过一段时间的磨炼和细心观察，小张又总结出了一些经验：比如，有的客户办完业务后还要在柜台前看一会儿存折，这时候说"请慢走"就显得不合时宜；有的客户动作迅速，送声说迟了客户还没听见，起不到应有的效果，所以适时地说出迎声和送声是一种技术。小张觉得还应该在实践中不断磨合，让自己的业务办理得更顺畅，礼貌用语使用得更自然。

在解决了"三声服务"问题以后，小张又在"微笑服务"上下起了功夫。如果仅有那简单的三句话，而面部没有表情，客户也会感到不舒服的，相当于服务做得也不到位。为了真诚地给客户一个微笑，小张下班回家后经常对着镜子演练，看看自己微笑是什么样子的，不微笑是什么样子，表情严肃时又是什么样子的。他时常自问：在说"您好"时微笑了吗？微笑真诚吗？是不是在办理业务过程中表情越来越严肃了呢？小张在平时的工作中注意磨炼，时间一长，微笑就渐渐地更自然了，给客户的感觉也更亲切了。记得有一位老大爷拿着存折来取钱，两次输入密码都不对，就在柜台外发脾气，责怪银行的密码器有问题，要投诉小张对他故意刁难，不让他取钱。小张始终面带微笑，提醒他是不是改密码了，要不要和家里的孩子联系一下，并把自己的手机递出去让他拨打电话。支行营业大厅中办业务的客户纷纷劝老大爷回去想想再来，并称赞小张服务态度好、很耐心。听大家这么一说，老大爷也低下头不说话了。小张想，真诚的微笑是能引起大家共鸣的。

分析

（1）"三声服务"是柜面工作的看家本领。在日常的柜面工作中，要坚持做到与客户交流、沟通时使用礼貌用语"您好""谢谢""请慢走"。

（2）勇敢克服心理障碍，在实践中养成习惯。刚开始做服务的时候非常艰难，要超越自我、克服心理障碍，勇敢面对客户，说出服务用语，以微笑面对客户，并持之以恒。

思考并分小组角色演练

柜员应如何找准服务差距、克服心理障碍，掌握"三声服务"和"微笑服务"的本领？

训练17　想客户所想，急客户所急

情境

2007年上半年的某日，有一位客户急匆匆地来到某支行营业厅柜面，掏出一张银行卡，问柜员，前几天他存到卡里的十几万元钱怎么没有了，并告诉柜员已经向公安局报案了。柜员劝他先别着急，请他出示身份证，帮他查了一下卡中的余额。原来他在其他支行签订了双利协议，也就是卡备用金账户里扣除了协议签订时的留存额度，满5万元以上全部转到了卡

通知存款账户（卡定期账户）里，而客户自己查询的只是备用金账户，因此，看不到定期账户里的余额。当柜员把事情的原委跟客户解释清楚后，客户有些埋怨地说"当时只是说利息高些，并没有说要转到定期账户里，这笑话闹得也太大了，我还要到公安局去一趟。"柜员只好连声赔不是："这都是我们宣传解释上的过失，给您带来那么多不便。"临走时，柜员还请大堂经理把客户送出大门。过几天，柜员接到了公安局的调查电话。

分析

（1）用心服务才会服务满意。柜面服务不仅需要微笑和礼貌用语，还需要柜员用心服务，学会换位思考。以上案例中，柜员替客户着想，让客户签订双利协议是件好事，但是在办业务时如果再细一些，解释得再清楚一些，或者直接跟客户说银行卡里有两个账户（活期账户中放零钱，定期账户中放整钱），客户是不是好理解些呢？

（2）自如地完成服务角色的转换。柜面服务不是简单的迎来送往，柜员要熟悉相关金融知识，不仅要做好日常客户服务，还要扮演好银行理财产品宣传者的角色，更要做好客户的理财顾问，这样才能进一步提高服务水平。

思考并分小组角色演练

（1）如何使柜员做好服务细节管理？
（2）银行工作人员真正做到"以客户为中心"的换位思考了吗？
（3）应怎样通过流程优化和再造，解决客户提出的问题？

训练18　客户需要发泄不满，更需要得到尊重

情境

某日，一位签订代扣电话费协议的老大爷怒气冲冲地来柜面质问："为什么我的电话费没有扣，还收了滞纳金。当初来柜台缴费，你们硬是不给缴，非要签订代扣电话费协议，现在扣不了，你们就是在欺骗人！"一边说一边还发火、拍玻璃。当班柜员查询了老大爷的卡签约的代扣协议后，发现一切正常，后经过后台查询，得知原来客户来签协议时已超过当月的代扣日，话费代扣次月才能生效。但老大爷当时火气特别大，根本不容解释。银行工作人员连忙把老大爷请到休息区，听他把每月到各家银行缴费及上个月来本行缴费签约的情况诉说一遍，并不时附和地说："对，对，对，现在缴费是挺麻烦，您这么大年纪，真不容易。"等老人情绪基本稳定下来后，银行工作人员耐心地解释说："老人家，我们柜台固定电话费缴不了现金，您正好有代发工资的银行卡，签了代扣协议，以后就再也不用排队缴费了。因为每月代扣有固定日期，您签约的时候，当班柜员有没有提醒您这个月还要先缴现金呢？"这么一提醒，老人想起来了："对，你看看，老了就没用了，是对我说过，可我给忘了，还向你们乱发脾气，真是对不起啊！"目睹这一切的其他客户都赞许地笑了。

分析

（1）充分理解并尊重客户。首先，银行工作人员应明白，客户的不满一定是有原因的，应设身处地为客户着想，找到解决矛盾的方法，以职业化的服务态度和工作能力使客户满意。处理问题时要换位思考，客户提出的问题也许很简单，对银行工作人员来说简直不可思议，但是既然客户提出了问题，那么这个问题对他来说必然非常重要，希望获得圆满解决。

其次，银行工作人员应主动扮演客户的角色，从中体会客户的感受，这样才能发现一些从未注意过的细节问题并设法加以解决。

（2）让客户的不满得到发泄。许多客户在表达不满时，会表现得比较激动，怨气十足，言辞过激，银行工作人员大多数是年轻人，血气方刚，觉得客户简直就是强词夺理，胡搅蛮缠，容易产生对立情绪，但是，如果客户的不满情绪得不到发泄，那么服务工作就无从做起。让客户发泄怨气是第一个步骤，这很关键。若客户的怨气得不到发泄，就不会听别人的解释，以至于针锋相对，造成双方沟通的障碍，最终导致局面一发不可收拾。客户服务的关键在于良好的沟通。银行工作人员应耐心地倾听客户的抱怨，不要轻易打断其讲述，更不要批评客户，当客户将所有的不满发泄出来之后，他的情绪会逐渐平稳下来，这个时候，宣传和解释才会产生一定的效果，此时，客户也会乐于接受解释和道歉。

思考并分小组角色演练

（1）在客户不满情绪膨胀时，银行工作人员应如何让其稳定情绪，并做好服务工作？

（2）银行工作人员应如何优化流程，提高服务质量？

训练19　以真诚换取客户的忠诚

情境

某日，某支行营业厅一大早刚开门，一位中年妇女匆忙来柜台支取15万元现金，并称是前一天特意让儿子来柜台预约过的。当时，柜台现金不够，于是当班柜员电话联系前一天当班的储蓄柜员，柜员说确实有人预约，但没说一上班就来取。因为支行异地汇款量很大，只要不是开门就支取大量现金，是根本无须预留的因此，前一天当班的储蓄柜员只是做了登记，没有让库管员留存现金，但客户非常较真，即使排在后面的客户有存现金的，先收了就够支付，她还是拒绝让后面的客户先办理存款业务，并且要求找她儿子和前一天的当班柜员当面对质。因为赶着办事，她走之前留下地址让支行工作人员必须给个说法。前一天当班柜员听说此情况后，特意赶在接班时间前来支行，并在路上买了一些水果，说是因为自己的工作不够细致，才给客户造成了麻烦，主动要求去客户家当面道歉。与客户见面后，该柜员一字不提客户预约时没说清楚的情况，而是一再向客户诚恳地道歉，客户感受到柜员的诚意，便接受了其道歉。几天后，这名客户又特意来找该柜员，说是后来她儿子回来说起，那天确实没说清楚一上班就要取款，她那天的做法也有些不理智，并称赞柜员能充分理解客户，主动承担责任；同时，客户还把她在其他行的存款转过来，成为该支行的忠实客户。

分析

（1）客户服务应以诚恳为先。客户的抱怨大多源于对产品或服务的不满意。从心理学角度分析，客户需求得不到满足，会产生银行亏欠他的感觉，如果处理投诉时态度不诚恳，会导致其情绪更差，最终激化矛盾，严重降低客户的忠诚度。反之，如果银行工作人员态度诚恳、礼貌有加，会使客户能以比较理智的心态进行沟通，抱怨抵触情绪自然就会得到控制。

（2）快速有效的服务是化解矛盾的利器。客户激烈反应的最终目的是达成满意，而不是为难银行工作人员。如果出现这样的情况，银行工作人员必须快速反应，快速处理，在不违反制度及有效防范风险的情况下，尽可能通融办理，及时解决客户的难题。快速解决问题能使客户产生被重视和被尊重的感觉，有效降低客户抱怨次数，使客户在心理上获得补偿；同时，还能及时防止因客户负面传播造成的不良影响。只有加强业务学习，提高业务素质，银行工作人员才能有效增强风险判断力，从而在为客户提供快速有效服务的同时，杜绝可能存在的风险隐患。

（3）善于为客户提供惊喜和补偿。出于对产品或者服务的不满和抱怨的客户往往希望银行对其作出适当的补偿，这种补偿有可能是物质上的，如利息的补偿，小礼品的赠送；也有可能是精神上的，如道歉等。那么银行工作人员不妨在合理合规的情况下，给客户提供一些意想不到的额外补偿，这样，客户的问题不但得以解决，而且还获得了额外补偿，坏事变成了好事。

思考并分小组角色演练

（1）为什么"以理服人、得理让人"是客户服务的重要原则？

（2）为什么在服务与制度擦边时，有些银行工作人员可以圆滑自如地解决矛盾，而有些则因简单照搬条文规范而激化了矛盾？

训练20　处处留心皆商机——在服务中要做有心人

情境

2006年某天中午，某支行营业厅柜员接待了一位办理取款业务的客户。由于客户当时要支取20万元现金，柜员就特别留心了一下客户的卡内余额，发现该客户活期账户上有90多万元。通过观察，她感觉到这是个较有实力的潜在客户。于是这位柜员一边为客户办理业务，一边和客户攀谈起来。在谈话中，她得知该客户是一家民营企业的老板，经常去外地出差，并且他的卡内活期账户上经常有大量现金闲置。了解这一情况后，柜员立即建议客户申请本行的贵宾卡并同时办埋双利埋财账户，并耐心细致地为客户讲解了贵宾卡和双利理财的特点。客户听完她的介绍后说："我在好几个银行都办理过业务，这么好的理财产品也从没人给我推荐过。"客户当即签订了双利理财协议并申请了VIP卡。一周后，细心的柜员在客户来领取VIP卡时，特意仔细询问了他的理财需求并做了记录。在这之后，每当该行有新的理财产品或基金发行时，该柜员都会用短信或电话的方式告知该客户。在她的营销下，这位客户已陆续从他行转来10万余美元购买"得利宝"理财产品。2007年，该客户又在该行发行人民币理财产品时，分两次共购买了800万元。现在，该客户的妻子也成为该支行的沃德财富客户，夫妻二人都申请了该行的双币信用卡，并且都已成为该行的优质客户。

分析

（1）柜员在服务中要做有心人。"处处留心皆机会"在银行服务实践中可谓屡试不爽，机会特别垂青于细心者和有准备的人，这一点在本案例中这位柜员的日常工作里得到了充分体现。

（2）追踪服务，事半功倍。该柜员在发现客户后进行了有针对性的营销，并进行了后续跟进维护工作，有效地开发了客户资源，为支行带来了可观的经济效益。

思考并分小组角色演练

对于形形色色的客户，银行工作人员应怎样利用便捷高效的手段进行客户识别，从而达到成功营销的目的?

训练21 心有多远服务就有多"圆"

情境

某周五早晨,某支行营业厅刚刚开门,有位心急如焚的中年男子就匆匆走了进来,向柜员咨询关于购汇的事宜。柜员迎面问道:"您好,请问需要办理什么业务?"这位先生着急地说:"我要取澳元。"柜员询问说:"取外币,您事先预约了没有?"这位先生回答:"没有预约过,可是我有急用。我的孩子在澳洲留学,但是租的房子失窃,现在没有钱,护照等重要证件也不见了。学校下周一就要交学费了,我想取点澳元让亲戚的孩子帮忙带过去。"临员问:"您大概要取多少?"先生想了想,问:"最多可以取多少?"临柜员工说:"等额一万美元。"先生紧接着问:"那我今天能取多少?"临柜员工既没有问库里是否有澳元,也没有问大库管理员,直接告诉客户说:"今天没有。要不要帮您预约明天取?"这位先生听了以后更着急了:"明天亲戚的孩子就要去澳洲了,也是去读书的,坐下午的飞机,现在预约,明天早上我一开门就来,能拿到吗?"柜员生硬地说:"按理应提前两天预约,您今天预约就明天来取吧。记住,以后取外币提前两天预约。"客户答应着离开了银行。

第二天一早,中年男子准时来到网点办理购汇业务。柜员说:"您的银行卡里没有澳元,是今天直接取吗?"这位先生说:"昨天上班的那位小姐说帮我预约了呀,说好了我今天一早来就可以取走的啊!"柜员说:"钱我们已经预留了,可是我看了一下您的银行卡,里面没有澳元的存款啊。"此时,这位先生强调说:"我是用人民币换澳元。"临柜员工说:"今天是星期六,外汇局有规定,周六和周日只能做美元的购汇、结汇,其他币种需要在周一至周五办理购汇、结汇业务。"这位先生顿时傻了眼,着急地说:"我又不懂外汇局的规定,昨天上班的那位小姐也没有和我说今天不可以换,我真的很着急,我的孩子等着付学费!"最终这位先生不但没能成功地办理购汇,还和银行工作人员发生了争执,说银行不讲诚信,承诺的事情不给办,更没有尽到告知义务。当天,这位先生气愤地取出了他在该支行的所有存款,并告诉他的亲朋好友以后不要到该支行办理业务。

分析

(1)碰到客户有特殊情况不能简单地套用制度。客户来购汇是因为有急需,不应该问也不问就说"今天没有",而应该主动想办法为客户调拨澳元,或打电话去别的支行营业厅帮客户询问有没有澳元库存,如果有可以马上预约,然后让客户立即去该网点购汇。

(2)业务不熟,服务不周到,责任心不强。客户在提出要做外汇业务时,工作人员就应该立即反映出外汇业务的一些基本常识,询问清楚客户是要用人民币购汇还是直接从澳元储蓄账户里取款。

思考并分小组角色演练

(1)在日常工作中,真的有那么多无法当天为客户解决的业务吗?
(2)柜员应该怎样主动为客户想办法,避免矛盾的产生呢?

训练22 对客户需要多些人文关怀

情境

当硬性制度遭遇软性人文关怀时,银行工作人员在处理具体业务时,常常会有些力不从心。以下是一个发生在某支行营业厅的真实故事。

一个普通营业日的下午,营业厅一如往日地平静而有秩序,突然,一位年近七旬的老人走到柜台前就问柜员:"小姐,我儿子的银行卡找不到了,该怎么办呀?""那就叫您儿子自己来挂失啊。"柜员一副理所当然的样子说道。老人无奈地恳求说:"你就让我替他办了吧,他是一名聋哑人,又有些智力障碍,带他来了也没用。"柜员又说:"我们看一下是他本人就可以了。""那要不我让单位开个证明,总行吧。"老人近乎哀求地说。"挂失的话,拿着你们俩的身份证来,我们就给您办理了,但是补卡,就七天后本人前来,否则真没别的办法。"柜员摇摇头说。老人最后办理了挂失,无奈地离开了,嘴里喃喃地说:"这是造的什么孽哟……"七天之后,老人来了,吃力地扶着他那年长的、聋哑又痴呆的儿子,在众人惊讶、同情的目光中办完业务离开了,只留下无助又无奈的身影。

分析

本案例所述的事件不大,却极为常见,虽然最后也没给客户造成什么损失,但是却有许多细节值得思考。

(1)人们常常会在意一些经济方面的损失或风险,却忽略了别人心理上的感受,而恰恰是这些心理感受会带给别人更多的伤害。

(2)制度是死的,而人是活的,在面对特殊的客户、特殊的问题时,处理方法应更灵活些。

(3)站在客户的立场上思考问题,在办理业务时应多给客户提供一些人文关怀。

(4)老人再三告知柜员,自己有困难并提出可以让单位开出证明,柜员应更加积极地为客户想想办法,起码让客户感觉到柜员在努力而不是套用制度。

思考并分小组角色演练

(1)柜员做错了吗,尽力了吗?

(2)坚守制度与提供人文关怀,真的无法并存吗?

(3)柜员碰到此类问题,是否该向上级汇报,使问题得到更好的解决呢?

训练23 有感于流程优化

情境

某日下午,一位40岁左右的女士匆匆来到某支行营业厅对柜员说:"请问这里能办理英镑兑换人民币业务吗?"柜员回答:"可以,但您如果着急,建议您通过外汇宝进行操作。"这位女士说:"我习惯在柜台办理,请抓紧给我办吧!"柜员说:"请您稍等。"……大约过了二十分钟,客户不耐烦地问:"怎么还没好呀?你们都在干什么,有没有给我办啊?再不办汇率变了损失算谁的?"柜员说:"实在对不起,因为需要经过几个环节处理才能为您办理,我们已经在尽快处理了,请再稍等一下好吗?"客户不信任地接口:"办不了就不要说可以办,你们对业务到底懂不懂?"客户显然已无法忍受柜员的解释了,最终没办成该笔业务就气冲冲地走了。

分析

(1) 柜员应主动做好初始提示服务。柜员应充分理解客户办理业务的急切心情,尤其对办理流程复杂、耗时较长的业务,更应进行必要的提示,仅说一句"请您稍等"极易引起客户的不满。

(2) 风险管理应该适度,非经常交易币种闭户时限应切合实际。为集中风险管理,核心账务系统对3个月未发生交易的内部账户即作闭户处理。本案例中客户的账户因3个月未发生交易而自动闭户,当办理英镑兑换人民币业务时需重新激活兑换账户,支行营业厅主管对参数管理系统提交激活申请并说明理由,分行参数中心经办审查后再提交上级进一步审批,审批通过后,由分行参数中心在核心账务中心进行激活处理,然后,再通知相关支行营业厅进行业务处理。这一流程耗费的时间难以控制。对于英镑等非经常交易币种,管理部门应考虑适当延长未交易账户的闭户期。

思考并分小组角色演练

(1) 从流程优化、提升服务质量看,银行的制度与系统在设计与制定时是否充分考虑了客户的需求?

(2) 柜员在解释和安抚客户的技巧上是否可以更灵活些,在目前系统控制与制度的要求下争取客户的理解与认同?

(3) 对于涉及多个流转环节的业务,是否应有必要求得时效承诺,给客户一个明确的解释,提高银行业务处理的透明度?

训练24　客户银行卡挂失引发的投诉

情境

某日上午,某客户到某支行营业厅办理借记卡挂失补卡手续,柜员审核了其身份证后,进行相关操作,由于未正确使用交易代码,在处理过程中被提示:"计算机显示卡号无记录"。于是,该柜员向客户解释情况,并要求客户到其开户行办理相关手续。客户问原因何在,该柜员回答"不知道",并请客户自己拨打分行的服务热线进行咨询。客户服务中心接到客户电话后,提交到分行卡部进行协查,发现该客户卡号信息和状态完全正常,并无任何异常显示。为确保卡中的资金安全,卡部工作人员根据客户要求,按相关规定为该卡进行了应急挂失操作。事后,客户致电分行服务热线,投诉为其办理挂失的某支行柜员。

分析

(1) 柜员服务意识淡漠。客户前来办理卡挂失时,心情是焦急的。柜员理应在客户手续齐全的情况下,主动与相关部门联系和确认,而不是推诿责任,简单地让客户到其他营业厅办理手续。

(2) 柜员对业务不熟,对规章制度掌握不全面,若因为挂失时间的耽误而造成客户资金损失,客户势必追究银行的相关责任,甚至引发诉讼。

思考并分小组角色演练

（1）若处理客户银行卡挂失时出现异常情况，应怎样处理？
（2）柜员在接受客户咨询时不知如何回答，该怎么办？
（3）你是否熟练地掌握了银行的业务流程和相关规章制度？
（3）若碰到自己处理不了的问题，你是否会把客户推给客户服务中心？

训练 25　客户可以不损失这 500 元吗？

情境

某日下午，一位中年男子拿着一张双币信用卡到某支行营业厅柜面要求取款现金 12 万元，柜员主动提醒："这 12 万元全部是您自己存入的吗？有没有包括信用额度在内？"

客户说："这 12 万元是前天我在××支行存入的。"

"先生，如您现在要支取 12 万元现金，需要支付封顶手续费 500 元。"柜员告知并等待客户的确认。

客户说："啊？我取自己的钱还要手续费？这是哪家的规定，我从来没听说过？"

柜员说："先生，您不要急，听我解释。双币信用卡和以前的借记卡功能是不同的。双币信用卡的主要特点是可透支消费，最长免息期为 56 天，但如取出您的存款余额，则要收取交易金额 0.5% 的手续费，最高每笔收 500 元，而本地借记卡则自由存取，不收取手续费。这些规定在您签过字的信用卡申请表背面都有。"

客户说："我没看过！我是路过×××地方，你们向我推销时只说可以免息透支消费，又没说过取现要收手续费。"

柜员说："先生，如果您这笔钱不急用，请您以后消费时多刷双币信用卡吧，积分还能换礼品，还免收手续费。"

客户说："不，我还是要全部取出来！算我白损失了 500 元。如果前天存钱的时候，有人提醒我，我就把钱存在你们的借记卡上了。"

分析

（1）银行工作人员在营销双币信用卡时，不能一味强调其优点，而忽略甚至只字不提其收费规定，造成客户对双币信用卡性质认识的片面性。应该引导客户正确使用双币信用卡，有效规避手续费的产生。

（2）双币信用卡最高透支额度是 5 万元，当客户一次存入 12 万元现金时，柜员应与客户沟通，询问其有无消费项目，同时，问清客户是否知道取出溢缴款是要收取手续费的？

（3）双币信用卡存款是不计息的，而借记卡存款是计息的。

思考并分小组角色演练

（1）柜员能帮助客户避免损失吗？
（2）柜员在维护交行利益的同时，有没有做到将客户利益视为自己的利益？
（3）在双币卡业务营销中，银行工作人员如何使客户全面了解双币信用卡的功能？
（4）柜员是否熟悉这类产品的特色？

训练26　认真学习是基础

情境

陈先生到哈尔滨某支行营业厅办理7天通知存款销户的业务,他已于7天前到该营业厅进行过通知。当时,柜员按正常程序办理,但疏漏了一个细节。陈先生收取钱款及利息清单时,当场表示异议:"是不是算错了,怎么利息少了许多呢?"柜员说:"这是系统自动计算产生的,不会错。"陈先生非常纳闷,无奈地走出了支行。

10天后,陈先生打来电话,说他在上海办业务时,把哈尔滨某支行业务回单拿给上海支行营业厅柜员看。上海支行柜员告诉他:"您在销户前到柜面做过通知,就应按通知存款的利率计息。从回单看利息是按活期计算,当然少了许多。"该柜员马上报告会计主管。会计主管认真核实,发现柜员办理销户时没有输入通知编号。通知编号是客户前往柜台办理通知时随即产生的,销户时输入通知编号计算机就自动按通知利率计算,否则就按活期利率计算。

事后,该支行及时把利息差补给了陈先生,避免了他的损失,并向他道歉。

分析

(1) 客户提出利息计算有误时,柜员应仔细查找错在什么地方,确定无误后再回复客户,不应该随便下结论。

(2) 由于柜员平时没有认真学习新系统的变化,因此,导致了本案例中事件的发生,可见,认真学习十分重要。

思考并分小组角色演练

(1) 柜员为客户提供的服务做到热情周到了吗?

(2) 对系统最新发生的变化,你认真学习了吗?

(3) 当客户提出利息计算有误时,你认真复核了吗?

(4) 遇到拿不准的问题时,你请教过其他柜员或主管了吗?

训练27　税收缴款书未及时交给当事人引发的投诉

情境

某单位在某支行开户,某天,该单位出纳张女士来到某支行营业厅柜面缴税款。当时,柜员盖章后将第一联交给了她,后面三联则全部留下了。

时隔十天,该出纳对账时发现税款未被扣除。半个月,后该单位被税务局罚款了。

经到银行查询,才知道是由于该行柜员操作时不小心将第四联"单位印章部分"撕坏了,进行标注后,将三联"税收通用缴款书"一并托该单位一熟人带给出纳张女士,但此柜员疏忽忘记了此事,结果造成了该单位被罚款。

客户对此非常不满,认为该支行应承担相应责任并投诉要求分行对该支行进行处理。

分析

(1) 柜员的工作不够认真细致,操作时将"税收通用缴款书"上的重要印章部分撕坏。

（2）柜员工作责任心不强，重要单证损坏后应及时采取补救措施，并将二联"税收通用缴款书"交给张女士本人。

（3）制度规定，重要单证必须面交本人，不得托人转交。随便托人转交，将会造成遗失、损坏等后果。

思考并分小组角色演练

（1）工作发生失误后，应该及时采取怎样的补救措施？

（2）客户单位利益受到损害后，支行应如何正确解决投诉？

（3）面对规章制度，柜员可否采取随意的态度？

训练28　是"客户评价器"惹的祸吗？

情境

某支行营业厅的柜员接待一位办理两笔业务的老年妇女，当她开始办理第二笔业务时，一位男客户排在后面等候。看到后面有其他的客户在等候，这位老年妇女办完业务后未按评价键就匆忙离开了柜台。此时，若客户不按键评价，系统会自动停止，20秒后才能恢复正常。

为了让男客户尽快办理业务，柜员说："先生，请帮我按一下评价键好吗？"客户未有异议就按下键盘，系统恢复正常。

柜员进入取款程序，刷卡后计算机显示该卡的持卡人为女性。由于信用卡章程的规定，该卡仅限本人使用，柜员问："这卡是您本人的吗？"客户答："是我姐的。"柜员说："卡在柜台上仅限本人使用，请她本人来取吧。"客户接着说："我知道密码还不行吗？"柜员答："不行，您看，卡背面写明仅限本人使用。"客户看后开始打电话，打完电话又问："你怎么知道这卡不是我本人的，你们计算机里有照片吗？"柜员说："我们能看出来"，客户又问："你看名字是女的，才说卡不是我的吧！如果我在大街上随便找个女的，那不就能取了？"柜员对此没有表示否定。

事后，客户提出两个投诉：一是为什么还没办业务，就让他先按服务评价器？二是对柜员执行的制度是否合理提出质疑。

分析

从这个案例可以发现两个值得思考的问题：一是前一客户未按服务评价器离开，柜员要后一客户代按服务评价器，虽然初衷是好的，但明显违反规定，结果适得其反；二是当客户对银行制度提出异议时，柜员解释得不到位，造成客户后续的不良反应。

思考并分小组角色演练

（1）虽然"初衷是好的"，但制度是否还要执行？只有好的态度，却没有对制度的深入把握，客户能满意吗？

（2）发生这类纠纷时，柜员应如何提高服务能力，大堂经理应如何及时跟上现场管理的节奏？

任务三　对私客户经理（理财师）的训练

训练1　了解产品是营销服务的着力点

情境

某日上午，个金产品客户经理小王打开个人工作日志，查阅当天的待办事项。下午他要为一位沃德财富的新客户开卡，并立即通知该客户，请他带相关证件前来领取。

客户办完了相关手续，小王主动上前介绍其行理财新产品：

"您好，您的沃德财富卡已经办理成功，可以正常使用了。"

客户："谢谢！"

小王："不客气，这两天我们正在发行一只封闭式基金，请问您是否愿意了解一下？"

客户："基金？就是那只最近跌得很凶的吗？"

小王用简短的语言介绍了这款新产品同"跌得很凶的"那只基金的关系，并告知客户这款产品的主要优点。客户听后，说有急事要办，先走了，随即记下了小王的联系电话。

小王本以为该客户只是婉拒了他的推荐，没想到过了一会儿，客户真的打来了电话。通过电话得知，该客户近期有三四十万元的投资意向，因考虑到电话里不便和客户进行全面沟通，小王便约好登门拜访。

通过拜访，小王向该客户全面介绍了近来股市、基金市场以及宏观层面的状况，并重点介绍了这只基金的特点。了解了这是一只具有长期投资价值的基金后，客户决定购买四十万元"建信优势动力基金"。

分析

该案例说明，在任何环境下，营销都可以取得成功。营销的关键是发现目标客户。

客户的每个决定的初衷都是为了使自己的资产保值、增值。能否将准确、完整的理财观念和信息传递给客户，成了营销成败的关键。

思考并分小组角色演练

在指标压力下，你会怎样营销？除了服务态度外，营销还应掌握哪些技巧？

训练2　别忽略"来电话"的客户

情境

10月29日，国家调高了存贷款利率，潘小姐想了解具体情况，以便将手头积蓄一并存入银行，于是就打电话给某支行营业厅柜员（理财师）进行咨询。

潘小姐："你好！请问今天调整了利率是吗？"

柜员（理财师）："是的。"

潘小姐："我想具体了解一下一年期定期存款利率的情况。"

柜员（理财师）："对不起！我们也只是刚知道利率调整，还没仔细研究呢！反正平均上调0.27个百分点。您有钱就来我们这里存吧，我们这里的服务可好啦。"

潘小姐："我也知道平均上调数，想知道具体情况。"

柜员（理财师）："好吧，等一会儿再告诉您。"

没等潘小姐说完，柜员（理财师）就挂断了电话。潘小姐等了一上午再也没收到柜员（理财师）的回复。

分析

"来电"客户可能就是潜在合作客户。

从与柜员的电话交流中，客户完全可以感受到该支行营业厅的服务水准和业务能力，也完全能感受到自己是否能在此该支持到良好的服务。对于客户的来电，支行营业厅也应实行首问责任制。

思考并分小组角色演练

假如你碰到这类客户，你会使他满意吗？

训练3　用心服务

情境

2007年3月，某行沃德财富中心成立，3月中旬，某行领导推荐一位40岁左右的女客户提前办了沃德财富卡。

该客户很忙，经常出差，柜员没有机会与她深入交流。半年里，能否将她升级为达标的沃德财富客户呢？柜员坚持每周给她打电话。这样一直到同年5月，行里安排该柜员到上海学习。临走前，征求客户意见，为她安排了其他客户经理，并询问其喜好。也许正是这些微不足道的细节打动了她，5月底，这位女客户和她的哥哥一起来到沃德财富中心。

柜员又惊又喜，静静倾听客户的要求，仔细观察他们的言行。发现真正的老板应该是女客户的哥哥，于是重点从他入手，了解他的风险承受能力、投资喜好、满意的预期收益率等，然后，选择适合他的理财产品，并结合市场特点，详细进行讲解。第一次接触，客户没有明确复答。

三天后，女客户打来电话，说她哥哥对该行的服务表示满意，并转入该行300万元。

客户属于高智商投资者，关注各方面金融信息。柜员投其所好，每天用短信为客户发送金融新闻、股市行情、基金净值和后期走势分析等，并且保持每周一次报告投资情况，时刻与客户保持联系，让客户省心、放心，同时，还在日常交流中，对客户的家人灌输理财思维。现在客户的三个孩子和其母亲也成了沃德财富客户，全家在某行的资产已达900万元。

分析

《道德经》中写过："天下难事必作于易，天下大事必作于细。"同样的事，以不同的态度去办，其结果是不同的。细节的实质是态度和科学，要想在激烈的市场竞争中立于不败之地，靠产品，靠服务，是最自然的也是最基本的生存法则。现在银行推出的理财产品及大同小异，因此，处理好细节尤为重要。要用心动人、用心感人、用心留人。

思考并分小组角色演练

（1）激烈的市场竞争，要求客户经理具备较高的业务水平，不但要了解本行的理财产品，对金融市场中的其他产品也要熟知。作为一名客户经理，怎样才能使客户快速全面地了解银行的优势？

（2）作为一名客户经理，为客户提供增值服务尤为重要。怎样才能成为客户理财的好帮手？

训练4　服务客户业务增值

情境

某个冬日下午，某支行营业厅中。

正在介绍新产品的大堂经理小李突然听到一阵吵闹声，只见一位客户正在对一名柜员大发脾气。

小李安排旁边的客户继续看产品宣传材料，快步走上前，非常和气地说："先生，请不要着急，有什么问题我来帮您解决。"说着把客户领到理财室，递上一杯水，准备认真听客户倾诉。

客户十分焦急，他想赶在3点股市收盘前向其他银行转账买基金，但排队时间很长，问能否及时到账，柜员又讲不清，于是就发火了。该客户姓胡，是生意人，有一定的资金实力和理财需求。最重要的是，他想买的这只基金不仅银行有代销服务，还能享受手续费优惠政策。在做好解释的同时，小李也把这个情况及时反馈给客户。

胡先生欣然接受了建议，不仅把准备转账的存款留了下来，后来还把其他行的存款也陆续转入该支行账户，并购买了多只基金。

当胡先生在该支行资产达到40万元时，小李为他介绍了该行VIP卡的特色，重点说明了增值服务情况。胡先生非常高兴，说："我在其他银行也有存款，但从来没享受到过如此特别的关注和周到的服务，办VIP卡要求资产达到50万元没问题，我就办你们行的贵宾卡，近期我会再转账过来的。"

现在，胡先生不仅成为资产过百万元的该行VIP客户，还介绍他的生意伙伴来购买基金等理财产品。

分析

当今社会，人们的生活、工作节奏越来越快，压力也越来越大，对银行服务的要求也越来越高。大堂经理应提高应变能力，牢固树立"以人为本，以客为尊"的服务理念，及时化解客户的不良情绪，提高客户满意度。作为一线柜员，不仅要懂得专业理财知识，更要有善于发现机会和客户价值的观察力，从细微之处发现营销机会，锁定目标客户。

思考并分小组角色演练

（1）面对需求各异的客户，除传统做法外，一线柜员应怎样做才能更好地为客户服务、更好地提高客户满意度、实现由微笑服务到增值服务的转变？

（2）该支行目前正进行战略转型，营业厅正从结算型向服务和销售型转变，在这场变革中，大堂经理应如何才能更好地发挥自己的作用？

（3）作为个金销售人员，如何将优质服务与增值营销有机地结合起来？

训练 5　正确处理个人业绩和服务客户的关系

情境

一位老大爷看到别人去年买的基金都赚到了钱，今年年初，他把自己积攒的养老钱都拿出来，到某支行营业厅，要求柜员帮忙选购一只涨得快的股票型基金。

这位老大爷年近七旬，家境并不富裕，对基金更不了解。柜员并没有急于向他推荐任何基金，而是详细地向他介绍了有关基金的常识，并着重分析当时市场的风险，最后建议他不要购买太多股票型基金，可以购买一些风险相对较小的债券型基金，并且一定要留一些钱备用。

这位老大爷最后买了 2 万元的债券型基金，之后这些基金都上涨了。

此后，老大爷逢人便说该支行行服务好，对老百姓负责。

分析

银行工作人员应站在客户的角度，为其提供合适的理财产品，这样才能达到持续创造共同价值的经营理念。若单纯想把业绩做上去，而不为客户的根本利益着想，最终客户将离你而去。

思考并分小组角色演练

营销时，你是从客户的角度思考还是从个人业绩角度思考？

训练 6　危机中蕴藏着商机

情境

某日下午 4 点多，一位客户来到某支行营业厅，要求提取 30 万元现金。由于未提前预约，加上时值月底，考虑到大量的现金支取可能会影响支行的月末存款余额，柜员便婉言拒绝了客户的要求。

客户非常生气，责问道："我自己的钱，为什么不能提取？你们为什么存款时不提醒我提取现金要提前预约？"气氛顿时紧张起来。

支行营业厅的大堂经理闻讯赶来向客户解释。当了解到客户提款的原因是想去购买某银行的某种理财产品时，大堂经理建议客户第二天再取，但如果客户坚持一定要马上取，营业厅也会尽量满足他的要求。客户见大堂经理态度非常诚恳，同意第二天再过来，并留下了联系方式。

送走客户后，大堂经理查阅了客户所说的某银行理财产品资料，发现这种产品预计收益率不见得比该行代销的货币基金高，于是，他拨通了客户电话，向其详细介绍了该行几款理财产品的优缺点，并推荐他购买该行代销的某种货币基金。客户觉得大堂经理讲得很有道理，于是决定从原计划投资某行理财产品的 30 万元中拿出一半购买该行代销的货币基金。

一个多月过去了，市场上各种理财产品的表现证实了大堂经理的判断是正确的，客户投资购买的该行货币基金的资金获得了较高的收益。在此期间，大堂经理还时常主动与客户联系，两人成了朋友。后来，该客户不仅又给自己账户存入 200 多万元，而且还介绍了几个 VIP 客户给该支行营业厅的大堂经理。

分析

这个案例以客户不满意引起的危机为开端，最终以客户经理从中成功拓展业务为结果。给银行工作人员的启示是：危机中经常蕴藏商机，客户的不满意正好给了我们主动与其沟通并增进彼此了解和信任的机会。

思考并分小组角色演练

若你是大堂经理，碰到类似问题，你会怎样处理？

训练7　与客户共情，客户才会把你当朋友

情境

郭小姐是某行的老客户，其资产指数已达到VIP卡客户标准。经过客户经理的推荐，郭小姐同意办理VIP卡，并提出要求换同卡号的。客户经理告知3天内不能取现转账，郭小姐表示同意并输入了密码。

当天下午4点40分，郭小姐急匆匆赶到银行，要求客户经理帮助转账。客户经理解释，此卡一经输密则不能转账。郭小姐表示她已承诺客户今日一定到账，否则她会失去信用。客户经理略显为难，因为此时已接近下班，加急制卡恐怕来不及。但她没有迟疑，说："请让我先联系一下分行同事，看能不能办到。相信我们一定会维护您的信誉，同时，也维护我们银行的信誉。"客户经理立刻与分行相关部门取得联系，得到他们的同意后，答应5分钟内一定赶到分行。与此同时，客户经理请其他同事帮忙填好了制卡清单。客户经理以最快速度赶到分行，请分行立即制卡。

在分行的大力协助下，5点20分，郭小姐领到了新卡。当她把一切业务办理完后，非常感慨地说："我们做生意最讲究的就是信誉。今天你帮了我的忙，以后只要是我能帮上忙的，你尽管说，我们算是朋友了。"此后，郭小姐又为这个客户经理介绍了几个客户，而她自己也听取了客户经理很多建议，选择购买了该行的理财产品。

分析

（1）客户原承诺在3天内不转账，想不到当天就要转账，而且时间又很紧，确实给银行出了难题。

（2）客户经理当机立断，想出办法，解决了双方的问题，说明客户经理具备"以客户为中心"的理念，熟悉业务，办事干练。

思考并分小组角色演练

（1）客户原同意在3天内不转账，但因业务需要，当天即要求转账，客户的要求是否不合理？

（2）客户经理能否以"客户已同意3天内不转账"为由，不尝试寻求别的解决办法，拒绝帮助客户？

（3）在客户和银行都有难处的情况下，能否找到双方都满意的解决办法？

训练 8　从一件小事情引发的问题

情境

客户黄女士到某支行营业厅咨询理财业务，经客户服务经理推荐，办理了某行"新股随心打"业务和理财卡，签订了银信通、基金账户和"新股随心打"协议，并在银行卡中存入 10 万元。

由于近日没有新股发行，本着为客户着想的原则，客户经理向其介绍了该行的双利理财 7 天通知存款，到有新股时再转出，客户欣然接受了该产品。

十几天后，该客户来到支行要求柜员把双利理财账户的 10 万元转成活期存款用来申购新股。柜员查询该客户的存款情况后，向其解释，7 天通知存款第二次滚存还没有到期。在解释中，客户产生了误会，认为十几天前存入的 7 天通知存款不可能不到期的，于是对利息的计算产生怀疑，对柜员的服务表示不满。客户要求取走 4 万元现金，并预约第二天再取走 6 万元现金，并且还要求销户。

客户取走 10 万元现金后要求销户。当柜员要求客户填写《×××卡销户申请书》《×××卡个人网上银行相关业务申请表》并提供身份证复印件时，客户情绪有点激动，不理解为什么开户时这么简单，而销户时那么烦琐。当柜员说明支行复印机正在维修，希望客户提供身份证复印件时，客户更加不满，认为柜员有意刁难自己。柜员到复印店复印了身份证，但在销户的过程中又发生读卡器无法读出卡信息的问题。柜员随即发送故障信息到信息技术部要求支持；同时，向该客户解释不能及时销户的原因，再次引起了客户的不满。

当天下午 5 点后，该客户再次来支行销卡并询问存款的利息问题，柜员随即打印清单交客户。客户发现卡上还剩 33.73 元余款，再次产生不满，要求柜员解释。支行营业厅主管、会计主管等一起向该客户解释并试算给客户看。客户情绪激动，拍打柜台，说了一些污辱人格的话。当时支行营业厅负责人没有控制好情绪，也拍打了一下柜台，并与客户发生争执。客户最终提出了投诉。

分析

（1）开始时，客户只是对利息的支付产生质疑，柜员只要耐心解释，完全可以避免后续事情的发生，而支行工作人员不重视这样的"小问题"，相信计算机不会出错，并没有给客户解释清楚。

（2）客户经理推荐产品没有针对客户的实际情况，也没有在事前将双利理财账户的结息办法向客户解释清楚，使客户误认为，双利理财账户的 7 天通知存款与储蓄存款的 7 天通知存款结息办法是一样的，因此，产生少算利息的误解。

（3）在客户产生误解、情绪激动的情况下，支行工作人员不但没有设法及时疏导客户，缓解其紧张情绪，反而被客户情绪左右，与客户发生争执，反映出其处事方法简单、主观且技巧不足的问题。

（4）由于系统故障和柜员对业务不熟练，对不能及时销户的原因没有对客户解释清楚，并求得其谅解，而是简单粗暴地对待客户提出的问题，没有将客户的利益放在第一位。

（5）对营销来的客户不能以诚相待，没有耐心、细心的提供服务，使前期的营销工作前功尽弃。

(6) 对网点被损坏的办公设备未能及时补充、修复，对系统未能及时维护。

思考并分小组角色演练

(1) 柜员的业务能力达到临柜操作的要求了吗？
(2) 客户提出如利息计算、银行产品等问题时，柜员有没有向客户说明清楚？
(3) 银行的设备、系统出现问题后是否及时加以维护？
(4) 当客户产生误解、情绪激动，甚至出言不逊时，柜员应该怎么办？
(5) 营销后，柜员给客户留下的是满意还是上当的印象？该如何做好后续的客户维护工作？

训练9　知其然还要知其所以然

情境

以下是一位柜员的亲身体验。

本行刚开始销售基金时，说实话，我对基金知之甚少。当时，我只学习了基金产品的文件，记下了起存金额、期限规定、预期收益率等几个要素，就开始向客户推荐。本以为会和以往销售理财产品一样顺利，可当时，基金对大多数客户来说都非常陌生。那位客户在听完介绍，看了看产品宣传册，向我提出一些有关基金的基本问题。这些问题都是文件上、宣传册中没有答案的，问得我云里雾里，无从答起，结果首次营销就这样失败了。

这件事使我懂得：在营销基金时，客户不仅想了解该理财产品的特性，他们中的大多数人还不知基金为何物，想了解基金，以及基金是怎样运作的等问题。于是，我翻阅了大量书籍，也浏览了很多资料，对基金和证券知识进行了较为系统的学习。

在随后的销售中，我利用所学知识，帮助客户了解并购买基金，销售业绩也一天天增长。本以为这样就掌握了基金销售方法，可不久后的一件事，又让我有了新的认识。

那天中午，我行来了一对中年夫妇，其中的男士径直朝我走来并说明来意，他们听说最近基金很火，自己却不懂，想了解一下，并有可能买一些。我耐心热情地向他们介绍了基金。中年夫妇频频点头，流露出几分期待的神情。谈了一会儿，站在一边的女客户问："小伙子，你买的是哪只基金啊？我们就买和你一样的吧。"心直口快的我随口说出："不好意思，我因为刚工作，暂时没钱买基金。"女客户"哦"了一声，眼中闪过一道疑惑的目光。过了一会儿，他们说回家再考虑考虑便走了。我听到那位女客户出门时对男客户嘀咕了一句："吹得这么好，自己却不买，是骗人的吧？"这件事使我意识到，没有实践，只会纸上谈兵，怎能使人信服呢？过几天，我跟父母借了5万元购买了基金。

通过实践，经历了一段时间基金净值的起起落落，我获得了不菲的收益，对基金也有了更直观的认识。

在基金营销中，我常常与客户分享自己的经验和心得，拉近了彼此的距离，加深了客户对我的信任，销售成绩也稳步提升。

分析

(1) 该支行柜员充分认识到，只有不断学习，才能提高自身素质及修养，为客户提供更优质、更全面的服务，才能达到留住客户的目的。

（2）业务知识的学习不仅是对理论知识的了解，而且是一个付诸实践的过程。只有将专业的知识展现给客户，才能赢得其信任，而银行的品牌形象就是建立在客户信任的基础上的。

思考并分小组角色演练

（1）优质且全面的服务应包含哪些内容？

（2）了解客户需求，掌握客户心理的方法有哪些？

训练10　优质客户是靠服务培养出来的

情境

某行有位大客户，他的发掘过程颇有意思。

早前，这位大客户来网点办理业务仅限于接收汇款，柜员对他一直很好，并主动向他介绍了"银信通"业务。该客户深有体会地说在这里受到很好的接待。渐渐地，一位柜员发现他除了办理"全国通"业务外还有其他理财意向，于是，就向他介绍本行的各种理财产品和，推荐给他的基金在去年股市行情较好的情况下获得了翻倍收益，慢慢地，这位柜员与客户建立了良好的关系，客户也逐渐将他在其他行的存款转移到该行。

一件事的发生使柜员与这位客户的关系更进一步。一次，一位老太太因出国要支取美元，而支行只有小票面现钞，这显然不便于老太太出国携带。于是该柜员就找了他在某银行的同学将这些小票面现钞换成大票面现钞，因此，老人对支行的服务相当满意。想不到老太太就是这位客户的母亲。从此，该客户对这家银行的信任度就更高了。以前，该客户在该行的存款仅有几十万元，在这件事后，存款增加到一百万元左右，成为该行的高质量客户。

取得客户信任只是第一步，而维护客户则是更重要的环节。一段时间以来，这位柜员发现客户来得少了，就想起前次他和他的太太一起来办理业务时，太太似乎快要临产了，这段时间估计已是生完孩子了，于是这位柜员就打电话对客户的太太表达了一下关心之情，使客户和他的太太非常感动，再三邀请柜员去喝他家孩子的满月酒。就这样，柜员与客户成了好朋友。这位柜员明白，留住客户最重要的是要让客户在理财方面的收益最大化，所以就尽力在基金、股票方面为他提供全面的资讯服务，使他实现各方面投资盈利。在这位客户的带动下，他的一些生意场上的朋友和客户也将资金转向该行，现已在该行存款达上千万元。

分析

（1）该银行工作人员的营销过程中给我们的启示是，要用平等的观念来对待客户，相信优质客户将在普通客户中产生。

（2）为每位客户建立一个全面的个人档案，将会使银行工作人员提供的服务更加贴切与实用。

（3）客户维护应当从细节做起，为客户提供优质的服务。

（4）相信客户就是最好的宣传渠道。

思考并分小组角色演练

应当怎样从日常繁杂的业务流程处理中创造出营销客户、服务客户的新方法？

训练11 专业素质是优质服务的有力支撑

情境

某日上午,一位中年客户气呼呼地来到某支行营业厅,大喊:"我在你们这里签了'新股随心打'协议,18万元存进来一星期,3只新股一只都没有给我打!我少赚多少钱?谁赔我损失?"这时,大堂经理马上赶到他面前说:"先生,不要着急,听我解释。'新股随心打'并非每只新股都打……"该客户正在气头上,根本无心听解释,继续喊道:"你们说打新股,当然是每只新股都打,现在一个都没打,我还不如自己打。"大堂经理见状便将其请进理财室,请理财师、零售客户经理一起来对他解释。

客户觉得"上当"了,损失不少。理财师耐心地说:"我们选择打的新股都是从客户利益最大化出发,由专业团队在充分分析了上市公司的资产、业绩状况、股本规模、上市后预期收益前景等因素后才决定的。通常选择估值较高股本较大的股票,打中的可能性也比较高。经专业团队分析,有些上市公司的股票上市后涨幅不大,给客户带来的收益率不高,银行就不会去打了。最近我们马上就要打'××××'了,所以您要准备好资金,打中后的新股在上市第一天抛掉,收益会按比例划入您的账户。"

此时,客户觉得有道理,情绪平静了许多,但还是对少打了几只新股不满。零售客户经理继续解释:"打新股的资金有一段封闭期,也就是需要冻结一段时间,那么在相同或相近的时间段内,为了保证最大的资金量去打中最多、收益率较高的新股,自然不可能打所有的新股,对一段时间内上市的新股逐一分析并筛选后,银行会去打预期收益率较高的那几只,这样才能保证您的收益率最大化。"

客户听了,不好意思地说:"由于我之前协议没有看过,因此不知道这些情况,错怪你们了。"这时,大堂经理又拿出了前几期"新股随心打"的收益表现,与客户分析该产品年化收益率和未来前景等。此时,客户的不满情绪已荡然无存了。

半个月后,客户特意来到该支行营业厅,向大堂经理、理财师和零售经理表示感谢,说:"你们银行对客户很重视,做事情都是以客户的利益为出发点,这个很可贵。'新股随心打'这个产品的收益不错,我还向亲戚朋友推荐了,叫他们到银行签约,希望你们继续向我推荐好的理财产品。"

分析

(1) 服务规范、处理得当。面对在营业厅吵闹的客户,大堂经理及时将其引至理财室,以减少不良影响。了解客户的问题后,大堂经理马上想办法帮他解决,让客户觉得他是被重视的,对于他的问题,银行工作人员很关注。

(2) 服务人员要具备一定专业素质。要充分了解产品特点、运作原理、收益和风险。本案例中,由于银行工作人员对新的个金产品深入了解,才能有理有据地向客户进行解释说明。

(3) 用明白易懂的语言为客户提供服务。随着客户数量的增多和客户群层次的不同,银行工作人员对客户不仅要态度友善,同时,还要注意用通俗易懂的语言向客户介绍银行的理财产品。

(4) 抓住机会，多对客户进行金融知识的普及和金融产品的宣传，让客户了解这些知识和信息后，理性投资。

思考并分小组角色演练

(1) 若没有及时处理好该客户的问题，则将发什么样的后果？
(2) 在营销一些新的产品时，应该为客户提供哪些深层次的服务？

训练 12　我们的服务是否做到位了

情境

某日上午，一位客户到某支行营业厅办理大额取现业务。

柜员："您好，请问要办理什么业务？"

客户："我要取 48 万元，已经预约好了。"

柜员："请稍等！"

柜员审核了客户的身份证后，拿着她的银行卡在计算机键盘上操作着，然后，回答道："不好意思，小姐，请问您是不是拿错卡了，这张卡里只有 10 638 元。"

客户："不会的，我这卡怎么会没钱呢，我前两天刚从其他银行转账过来的，你再仔细看看。"

经过一番查询后，柜员发现该客户原来是"新股随心打"产品的客户，刚好昨天其申购了新股，因此当天凌晨，新股申购款已经从银行卡里扣除了。于是解释说："小姐，您当初签了'新股随心打'产品协议，如果有新股申购，只要银行卡里有现金，系统就会自动将这部分钱申购新股，现在您只能等新股未中签的钱退回后才能取出这部分钱。"

客户："那你们怎么没有短信通知我啊！这钱我急用的！"

柜员："稍等，我帮您查看一下！小姐，您预留的联系电话号码是固定电话，所以没有收到短信。现在，我将您的联系电话更改为您的手机号码了，下次您就不会碰到这种情况了。"

客户只好无奈地走了……

分析

(1) 平时，银行工作人员对沃德财富客户的服务是否已经做到了更细心、更全面呢？对于沃德财富客户，同时，又是"新股随心打"客户的，在新股申购日当天有大额现金支取，银行工作人员应该及时与客户取得联系，告知其可能会碰到的问题。

(2) 如果客户在银行预留的是固定电话，那么在办理业务时，柜员应考虑到使用短信通知服务，应提醒客户预留手机号码，以便客户掌握账户的最新情况。

思考并分小组角色演练

(1) 客户购买了银行的理财产品，银行为客户提供的售后服务已经做到位了吗？
(2) 银行怎样才能将提高客户满意度作为自己的努力方向？

训练 13　如何有效推荐基金产品？

情境

客户李某是公务员，有一定文化素质，对金融市场较熟悉，一次，他到某支行营业厅办理业务，大堂经理（甲）与支行客户经理（乙）上前营销基金。

甲："李老师，买点基金吧！××基金不错，是股票型的，收益高，去年半年收益率达××%，还被推荐上过几个基金评级网，评上×星级，真的很好，包你收益不错。"

客户听后，笑而不应，犹豫中……

这时乙主动上前："李老师，想必您一定知道基金产品的收益与风险了，虽然我也可以先给您介绍本行最近销售的几只基金，但我想介绍一下如何选择基金品种更合适。"

客户有兴趣，说："你讲讲。"

乙："首先应如实讲，基金是收益与风险并存的个人金融产品。在选择基金时，为了规避风险，您不但应选择一些股票型基金，也应选择一些债券型与混合型基金。这样在股市波动时，才能抵御或防范更大的风险。"客户有点急了，问："那你讲讲到底如何选？"

乙笑道："您会上网，可以看各类基金的详细资料。一是可以将各类基金的收益率排队（一年、半年、三个月、一个月），分析其在不同时段，特别是在股市涨、跌时的表现；二是在收益较好，抵御风险较强的基金中，查看其主要持仓股票及变化；三是对比一下，您初选的基金所属的公司的其他基金收益、风险如何；四是可查看一下分管这只基金的经理人资历、业绩等，就会有初步的选择打算了。如果您觉得可以一试，登录银行网上银行买基金，手续费最低可打四折。"

客户李某听后，高兴地办了该行的借记卡，开通了网上银行业务、银信通业务，同时，存入账户几万元，说回去就试试在网上银行购买基金。

分析

（1）必须对营销的产品进行深层次而全面的了解，学习、剖析、掌握其优点与缺点，充分认识收益与风险的辩证关系。

（2）必须根据客户的层次、财产状况、思维方式以及业务需求、业余爱好等进行有针对性的营销。

（3）必须讲诚信。营销宣传既要讲基金产品的收益性和方便性，也要讲风险性和规范性，不要为了推销基金产品其对其缺陷避而不谈。基金产品一旦出现风险将使客户失望，甚至追究客户经理的责任。

（4）必须要把握营销原则。可以推荐，但不要大褒大贬，应当从金融市场总发展方向和基金产品的总体分析出发，协助客户挑选基金产品，从多角度介绍基金产品，正确引导客户选择基金产品，教客户选择基金产品的方式方法，使其逐步学会理财。

思考并分小组角色演练

（1）两个营销人员（甲、乙），谁做得更好一些？
（2）如何分析理财产品与客户？
（3）怎样才能做好理财产品的交叉营销？

训练14　不该发生的事件

情境

一天下午，营业快结束时，有位客户匆忙赶到某支行营业厅，要进行×××卡的明细查询，但由于既不知道查询密码，也不知道交易密码，因此无法操作。

客户先来到 1 号柜，柜员站起来微笑着接待了客户。经过简单询问柜员大概知道了客户要求，也没细想，就请客户到自助设备上进行密码设置。客户在自助设备上输入卡号后，因没有交易密码也不能重新设置查询密码，无法操作。没有办法，客户只好又重新回到柜台办理。

当客户走到 2 号柜前，柜员很礼貌地要求客户重新拿一个号，然后，客户又在 2 号柜重复说明了情况。当柜员正准备办理时，发现客户出示的是老身份证，而联网核查系统表明，该客户有新身份证，且新、老身份证区号不一，因此 2 号柜的柜员只得拒绝为他办理此业务。

如此反复，自然引起客户的不满。

分析

（1）服务意识欠缺。1 号柜和 2 号柜的柜员在整个服务过程中，都没有站在客户角度考虑问题，而是过多地站在自己的立场上来处理问题。1 号柜的柜员态度虽好，但对客户需求了解不深，以致做出错误的引导。2 号柜的柜员一味从控制风险出发，站在自身角度处理问题，简单地拒绝客户需求。2 号柜员在客户身份证件不一致的情况下，完全可以通过另外的方式来核实客户的身份。如果再深入一点，完全可以解决客户的问题。

（2）内部服务协作能力不强。本来，客户的业务问题在 1 号柜未得到解决，2 号柜的柜员就不应再次让客户取号，应将后续服务作为补救，弥补服务工作中的不足，使客户的不满有所化解；同时，大堂经理在整件事情中没有起到良好的沟通作用。当客户在自助设备上操作没有成功，再次来到柜台办理业务时，就应陪同前往而不应让客户重复取号。

（3）服务中未坚持首问负责制。1 号柜的柜员在处理客户业务时过于简单，当发现客户无法在自助设备上完成相关操作时，应主动向客户提供帮助，而不应让客户再到 2 号柜办理。

（4）柜员业务不熟悉。新、老身份证交替之际，有的客户已办理并领取完新身份证，而有的客户还没有办理，还有的客户虽然已经办理了新身份证但还没有领到。身份证只要是在有效期内，通过了联网核查，无论客户持新、老身份证都可以办理业务。

（5）基础性工作不到位。客户查询交易明细，完全可以使用自助设备、网上银行等电子渠道办理，不需要到支行营业厅办理，但客户并不知道，因为客户开立账户时，柜员没有将借记卡的使用方法及时告知客户，所以，给客户添了麻烦。

思考并分小组角色演练

（1）服务中是否考虑过客户的感受？
（2）服务是个人行为还是集体行为？

任务四　对公客户经理的训练

训练　只有双赢，才能获得市场

情境

小李是国内一家化工企业的财务经理，该公司原材料主要依赖进口，生产的产品全部在国内销售，购汇业务量较大。公司的利润不断增加，小李作为财务经理，喜上眉梢，但是近期，人民币对美元汇率不断上升，公司的购汇成本难以控制，仅仅相差几个月付汇，财务成本就相差甚远，其中的差额让小李头痛不已。刚好，2007年11月14日，该公司有一笔20万美元的信用证需要对外付款，怎样能提供相关产品帮助该公司有效控制购汇成本呢？小李找到了某支行营业厅国际业务部的产品经理。

在了解情况后，产品经理提议小李可尝试一下本行的"理财型进口代付"业务，即将国际业务产品与本币产品组合，结算类产品与资金理财类产品组合，进行综合操作，主要产品组合有：进口开证、远期售汇和人民币存单质押。在产品经理的指导下，小李进行了以下操作：

（2007年11月14日，美元即期售汇价为744.83，半年期的远期售汇价为724.16，人民币半年期定期存款利率为3.42%，美元半年期进口押汇融资利率为6.24375%〈LOBOR + 1.5〉)

（1）2007年11月14日，小李公司按照即期售汇价，将原用于购汇的148.966万元定期存入某支行半年；

（2）该公司以上述人民币定期存款作为质押，从该支行获得20万美元的同期限进口代付款，并用于对外支付；

（3）同时，该公司在该支行申请办理一笔半年期的远期售汇业务，提前锁定半年后购汇偿还进口代付融资本息的汇率；

（4）半年后（2008年5月13日），该支行将释放已质押的人民币定期存款用以远期售汇业务的交割，并以交割后的美元款项偿还进口代付融资本息，业务结束。

该公司业务收益的具体测算。

①人民币定期半年存款本息合计为：
$$1\,489\,660 \times 3.42\%/2 + 1\,489\,660 = 1\,515\,133.19（元）$$

②美元半年进口代付融资本息合计为：
$$200\,000 \times 6.243\,75\%/2 + 200\,000 = 206\,243.75（美元）$$

③远期购汇需用人民币金额为：
$$206\,243.75 \times 724.16 = 1\,493\,534.74（元）$$

与在对外付款日以当天即期售汇价购汇并对外支付的习惯做法相比，通过做上述组合业务，该公司累计获得收益：
$$1\,515\,133.19 - 1\,493\,534.74 = 21\,598.45（元）$$

从上述案例可以看出，借助于银行"理财型进口代付"的支持，小李的公司在没有额外增加业务风险、操作环节、占用其在银行授信额度的情况下，不但确保了进口业务的顺利进行，按时对外支付了信用证项下有关款项，而且较大幅度地节省了购汇用人民币的支出，有效降低了财务成本，提高了利润。

分析

本案例虽然反映的是有关国际业务产品的具体操作与应用，但它折射出来的一个问题是：什么样的产品才是市场所需求的？在营销策划中，什么才是吸引客户的亮点？

国际市场汇率千变万化，相关的资金理财产品层出不穷，但在实际营销过程中，很多进出口企业并不愿意操作纯粹的资金业务，原因是理财业务总是伴随着风险的。而"理财型进口代付"的热销,恰好解决了这个问题。任何一项银行业务的应用,总是离不开服务于市场的主旨,既要从本行业务发展的角度出发,又要考虑客户的角度,实现彼此双赢,或许这就是以上案例给予我们的启示。

思考并分小组角色演练

(1) 什么样的产品才是迎合市场需求的产品?
(2) 在产品营销策划中,目标市场定位的重要性有哪些?应如何进行目标市场的定位?
(3) "花香还需有人夸",好的产品应如何配合有效的宣传与服务?

任务五　客服坐席员训练

训练1　针对客户所需进行产品营销——交叉营销服务案例

情境

某支行客服中心曾对某行部分沃德财富客户进行过电话回访,目的主要是介绍对沃德财富客户增值服务的同时,营销该行证书版网上银行。在回访的客户中有一位沃德财富黄金客户高先生。坐席代表先向其介绍了该行的增值服务,包括可以24小时拨打热线电话进行北京市三级甲等医院的预约挂号、可以持沃德财富卡在全国范围内的机场享受贵宾室服务及"绿色通道"等,但是客户并不感兴趣,表示自己根本用不到预约挂号;也基本不出差,机场贵宾室的服务对他也没有任何吸引力。介绍网上银行时,客户又表示根本不上网,也不会操作计算机,只去柜台办理业务。逐渐地,从电话中,坐席代表也听出了客户的不耐烦。

在这种尴尬的情况下,坐席代表立刻调转话锋,询问客户主要在该行柜台办理哪些业务,对本行柜台的服务是否满意。从之后的沟通中了解到,原来高先生是该行"全国通"老客户,经常去柜台,对柜台的服务基本满意。坐席代表抓住这个机会,问:"那您是否签约了该行的双利理财账户呢?"高先生回答:"没有,"并咨询什么是双利理财账户。坐席代表向客户详细介绍了双利理财账户的特色,并说明此款产品最适合全国通客户的需求,既可以享受远高于活期存款的利息,又不会影响资金的使用。高先生了解后非常高兴,认为该行坐席代表充分为客户考虑,并表示下午就去支行签约,还会把其他银行的资金也转到该行。到此,这个电话终于化险为夷,最后不仅没有让客户反感,还间接营销了该行的产品。

分析

从这个案例可以看出,在营销时不能以仅从银行的角度出发,单方面向客户推荐产品,若想更好地营销产品,应先了解客户的需求,一味向客户推销并不适合的产品,只会使客户反感;而应该积极地了解客户,从客户的角度出发,按照客户的需求推荐产品,因此银行工作人员一定要贴合客户的需求,做好交叉营销,真正做到为客户服务。

思考并分小组角色演练

(1) 如何才能有效地营销银行的理财产品?
(2) 营销是否应该从以产品为中心转移为以客户为中心?
(3) 应怎样提升客户的满意度从而提高客户对本行的忠诚度?

训练 2　施行首问责任制，用心去服务

情境

电话铃声响起，电话里传出一位女士焦急而愤怒的声音："怎么回事，我在你们行签的缴话费业务，刚几天啊，居然给我停机了！还说有短信通知，上回余额不足也没用短信通知我。这个月又是怎么回事，我前几天存了500多元都不给我扣！人家移动又来催了，滞纳金你们给我交是不是……"

原来客户刘女士去年在某支行签了代扣代缴业务，每月自动扣款缴纳话费，最近却连续两个月却扣费成功。客服坐席员先安抚客户，将情况记下后由代班员联系分行的相关部门进行查询。

与分行联系后真相大白，原来上个月，客户卡内只有90多元，由于卡内余额不足，没有自动扣款；而这个月是因为超过签约缴费上限200元，没收到短信通知是由于目前短信为每月底统一发送。

查明原因后，客服坐席员赶快给客户回电话进行解释。一开始客户仍不满意，认为虽然这件事主要是自己的原因造成的，但银行的服务也有不到位之处，扣款不成功并没有及时通知她。对此，客服坐席员坦诚地解释了现在月底发送短信的原因，并告知客户，关于短信发送时间问题他们已跟相关部门沟通过，会充分考虑客户需求进行调整的，到此，客户才比较满意。

随后，客服坐席员又告诉客户，话费超限，现在只能请她尽快到柜台缴纳；同时，建议她在缴费时可适当提高话费扣缴上限。

客户的抱怨又来了："其实我去你们银行交费没问题，很近，遛弯就到，可50分钟都排不上号，谁等得起啊！"针对这种情况，客服坐席员告诉客户，可以在网点查询机上缴费，非常方便，若不会操作可让大堂经理指导，先把本月话费交了。以后方便的时候再到柜台修改限额或签约电话自助缴费功能。

客户听后非常满意，表示一会儿就去支行营业厅办理。

分析

客户反映情况时，首先，接到投诉的第一责任人应把问题搞清楚；其次，应耐心做好解释工作。如果客户还不满意，则需要第一责任人开动脑筋，根据需求来引导客户并满足其需求，充分发挥本行各个产品、各个业务渠道的优势，全方位满足客户的要求。

思考并分小组角色演练

（1）银行的产品是否需要进一步完善各个细节？
（2）对客户的服务是否应该更到位一些？
（3）怎样做到从客户的角度出发，为其提供方便？

训练 3　扎实的业务知识是服务的有力保障

情境

某日夜晚，客服中心电话铃声响起，客服坐席员像以往一样，接通电话后询问客户需要什么帮助。一位先生很气愤地说要投诉，客服坐席员心想这么晚了，客户一定遇到了什么麻

项目三　金融服务营销训练

烦事,马上说:"先生,我们这里就是受理投诉的部门,您先别着急,慢慢说好吗?"

原来客户持现金要给信用卡还款,今天是最后还款日,但是某支行存款机钞箱满了,客户已走遍了附近多家网点的自助服务区,均无法进行存款交易。

客服坐席员听后,非常理解客户的急切心情,想到若客户不能按时还款,就会产生不良信用记录,将影响以后其他业务的办理。

客服坐席员用亲切的语气对客户说:"先生,我们通话这么长时间,一直没有问您贵姓,怎么称呼您啊?"

客户告诉客服坐席员自己的姓名后,客服坐席员说:"陈先生,您的情况我大概了解了,请问您有某行借记卡吗?"陈先生说工资是该行代发的。这时客服坐席员心里一喜,想这事好办了。于是告诉陈先生,可以用本人名下的借记卡通过 ATM 直接转账信用卡还款,可免去存现金。陈先生听完,火气消了一大半,最后,在客服坐席员指导下,成功完成了信用卡还款,客服坐席员还适时向陈先生营销了自助还款的签约功能。

分析

(1) 银行工作人员遇到客户投诉时一定要冷静,抓住关键点,为客户解决问题。

(2) 掌握银行的业务知识,提高自己的业务能力,才能为客户排忧解难,并适时宣传本行的金融产品。

(3) 在电话中一定要注意自己的语言和语气,这样可以拉近与客户的距离。

思考并分小组角色演练

(1) 本行的自助服务区内能否都进行严格的机具维护,以保障客户的正常使用?

(2) 现在大部分客户对于银行卡功能的了解还不够深入,我们能否多举办一些活动,增加客户的银行卡知识,这样既拉近了与客户的距离,又介绍了本行的产品。

训练4　当遇到特殊客户时

情境

3月17日是周末,晚上7:38,某支行营业厅自助区内一位客户拨打客服热线电话投诉,称由于该支行设备原因导致银行卡被吞。客服坐席员向客户耐心说明取卡应在工作时间办理。但该客户态度粗暴,称朋友出车祸送医院抢救,如果取不到钱延误抢救时机,则一切后果由该支行负责。客户情绪激动,要求立即拿卡并声称如不立即来人就要砸开机器。

客服坐席员马上安抚客户,并明确告知:"本行自助服务区内均设有监控并连接110报警,请您保持冷静与理智。"另外,立即与该支行行长和其他有关人员取得联系。该支行行长考虑到客户的情况紧急,当即决定前去现场为客户取卡;同时,联系到持有负责自助设备钥匙的银行工作人员也立刻赶往支行。

当两人十万火急赶到支行时,客户已离开了自助区,并提出要该行员工将卡送往医院,否则将通过媒体曝光。两位员工将卡取出后,联系客服中心坐席员查询到该卡余额为0,不可能凭该卡取款,判断可能是客户操作失误导致吞卡,于是随即与客户联系,说明情况并请客户次日到支行柜台领卡。此时已是22点了。

第二天,客户来到支行营业厅,支行行长热情接待了他。客户不好意思地承认是自己用错了卡，再加上误操作导致吞卡。行长仍然保持热情的微笑，说："没关系！相信您也是遇到急事才会发生这种问题，我们希望用周到的服务让客户满意。"

分析

客户总会发生意外。银行工作人员在工作中经常会遇到这样的事情，该支行本着"急客户之所急"的态度，妥善化解矛盾，较好地维护了本行的形象，值得学习。

思考并分小组角色演练

若在日常工作中遇到类似情况，你会怎么办？

训练5 用热情和真诚弥补不足

情境

客户寇女士使用了某行证书版网上银行，2007年10月24日，其在进行转账操作时遇到"网页上有错误"的提示，导致款项无法正常转出。客户多次致电客服中心寻求帮助，客服坐席员每次都按照操作流程对其进行指导，但仍不能解决问题，于是，客服坐席员即提单处理，由电子专席与客户联系。电子专席尝试了能力范围内的所有解决方案，并向网上银行产品经理咨询该问题的解决办法，但问题始终未能得到解决，最后只好建议客户进行系统还原或者重装，客户表示由于某些原因不能进行这样的操作，只好自己再想想办法。

同年11月，电子专席对寇女士进行了回访，尽管客户表示还是存在问题，但由衷地说出了以下的话："我觉得选择你们银行没错，你们的服务特别好。真的，我觉得你们服务真的很好。"

分析

遗憾的是，我们并没有解决客户的问题，但耐心、热情和真诚的服务让客户感觉到我们已尽全力在帮助他解决问题。我们回放了与客户沟通时的所有电话录音，每段录音都能听出客服坐席员是在积极为客户解决问题。之后电子专席的回访，更让客户觉得银行对其问题一直非常重视。

银行工作人员用优质的服务弥补了工作上的不足，赢得了客户的信任。

思考并分小组角色演练

（1）当在能力范围内无法解决客户的问题时，我们是否已做到主动向其他人员求助，寻找其他解决方案？

（2）我们是否做到了用热情、真诚服务来弥补某些方面的不足，以此感动客户，提高客户满意度？

（3）若态度很好，但无法解决问题，这样的服务你满意吗？

训练6 从客户的叹息声中发现问题

情境

有一天，客服热线的客服坐席员接到客户电话，反映一个月前申请开通了该行企业网上银行转账功能，收到了两个EMS，但里面装有两个完全一样的激活码信封。客户问："遇到这种情况该如何处理？"

正常情况下，客户申请该功能后会收到两个 EMS，一个装有激活码信封，另一个装有相关的密码信封。

客服坐席员立即联系了网银产品经理。产品经理分析可能是由于客户没收到信封，又向开户行提交了重新寄送激活码的要求，所以会收到两个。至于客户为什么还没收到密码信封，则需客户向开户行反映。

客服坐席员向客户说明了情况，并请客户联系开户行。客户听后发出了一声很无奈的叹息，说就是开户行经办人员建议向客服热线反映的。

从客户的叹息声中，客服坐席员感觉到客户对本行服务的不满。于是再次联系产品经理，强调是开户行经办人员建议客户请求客服热线解决问题的，希望产品经理能帮助查找原因。产品经理仔细解释了申请流程，得出的结论还是需要联系开户行。

最后，客服坐席员直接与开户行联系。当他找到支行经办人员，经沟通才发现，该经办人员误以为密码信封是由电子银行部寄送的，所以让客户向客服热线反映。事实上该信封是由分行账务中心寄送。情况了解清楚后，该经办人员马上主动与客户联系。

10 分钟后，当客服坐席员回访客户时，客户表示，开户行的经办人员已主动与他联系，而且问题正在处理中，客户对此表示满意。

分析

本案例所述的事件不大，最终客户对我们的服务也还算满意，但有一问题值得我们深思：我们做到了首问责任制吗？

从该案例情况来看，首先，是支行工作人员对业务理解出现了偏差；其次，业务部门工作人员尽管业务流程十分熟悉，但缺乏热情服务意识，不愿意主动联系支行进行业务指导。如果银行工作人员（不管是支行的还是业务部门的）在第一时间接到客户电话时，都能做到首问负责制，主动联系相关部门，将客户问题跟踪到底，客户就不会发出无奈的叹息。客户看到的是银行整体，而不是某个部门，至于内部怎么处理则是银行工作人员的事情。

新业务发展迅速，很难保证支行一线人员对所有业务都能准确理解和掌握。相对支行和客户来说，业务部门对新业务的理解更透彻。当支行存在问题时，如果再让客户去向支行反映，那么问题还是得不到解决。如果遇到客户咨询时，支行能主动与业务部门沟通，或者当业务部门发现支行处理问题存在偏差时，主动对支行进行指导，是不是会更好？

思考并分小组角色演练

（1）我们做到首问负责制了吗？
（2）我们是否用心观察了客户对服务的满意程度？
（3）当客户流露出对服务不满时，我们应该如何弥补不足？

任务六　支行营业厅的现场管理

训练 1　告状专业户变为理财大户

情境

某日下午 4：40，一客户到某支行营业厅缴纳交通罚款，不巧，该网点当时已不受理交通罚款业务了。对此,客户不理解,认为银行服务不周,是故意推诿怠慢。

支行营业厅负责人向客户再三解释,他就是不理解,不愿到附近网点交款,并立即向省分行投诉。省分行接到投诉后,责令该支行分管行长立即妥善处理。当时,该行长正在外面走访客户,他请网点负责人出 10 元钱请客户"打车"到附近支行营业厅交款,但客户就是不愿意。这样一直折腾到下午 5:30,银行对公系统停止营业。客户火气大增,继续向省分行投诉,又向市交通管理局投诉。第二天一早,该客户还向省银监局投诉,声称如果银监局不管,他还要投诉银监局。银监局指示银行,必须解决好此项投诉,下午给银监局回复。

接到银监局指示,市分行立即通知该支行,要求积极化解矛盾、妥善处理投诉。据支行反映:这位客户是他们支行的"投诉专业户",稍不如意就到处告状。上次 ATM 吞钱没有给他记账(正巧遇到机器扎账),他就投诉了十多次。省分行电银部工作人员为此专程来检查了好几次 ATM。支行反映,真拿这个客户没办法。

省分行决定,要以攻克存款大户的勇气把他争取过来。于是,支行行长助理、支行营业厅负责人提上水果和鲜花亲自登门拜访这位客户,接受他的批评和意见。

经过沟通和交流,支行行长助力、支行营业厅负责人了解到该客户是一位房地产中介经营商,每天下午都有现金要交存银行,而他投诉的支行的自助设备在当地是最多而且最好用的,他对该支行很是依赖。大家谈得很好;同时,支行行长助力、支行营业厅负责人又向他推荐了网上银行和理财产品。该客户当即购买了 40 万元的银行代销基金,并对工作人员主动上门赔礼道歉、积极为客户着想的精神表示感动。此事终于化干戈为玉帛,经过妥善处理,告状专业户变为理财大户。

分析

(1) 该案例暴露出个别支行服务不周到的问题。当服务事项发生变化时,支行并没有先张贴《公示》,让客户充分知晓、心里有预期,而是把变化强加给客户、让客户服从我们,没有体现出"以客户为本"的服务理念;同时,不张贴《公示》也不符合消费者协会有关保护消费者利益的有关条例。

(2) 该案例暴露出该支行处理投诉不及时的问题,而且对客户的投诉也没有高度重视,当天下午客户在支行营业厅里吵闹时,如果支行分管行长当时能及时赶回来;如果支行负责人不是拿 10 元钱给他"打车",而是亲自送他过去……问题都可以得到妥善解决。

(3) 该案例暴露出该行基层网点处理投诉技巧不娴熟的问题。面对一个愤怒的客户,没有让他感觉到自己的投诉已经得到了银行的重视,而是让他认为银行并且没有能够站在他的角度来考虑他的感受,而只强调自己的理由,于是,客户更加生气了。

思考并分小组角色演练

(1) 网点的服务范围该如何告之客户?
(2) 如何缓解客户情绪?
(3) 应怎么处理客户投诉?

训练 2　碰到非银行方的故障或错误时该怎么办?

情境

2007 年国际劳动节期间,股市将要休市 7 天,大量资金开始回笼。各银行的银证转账系统也经历了前所未有的压力,因此,各支行营业厅均出现了线路缓慢及线路不畅的现象,加上证券公司方面的原因,造成多笔银证单边账。一时间客户的查询和投诉不断。

当日,某支行营业厅也出现了同样的情况,吴女士和纪女士因证券公司的原因,造成银证单边账,资金未回到卡上。柜员按处理单边账流程,将错账情况通告结算所,并依据结算所的答复告知两位客户,钱款将在当晚营业结束前打回他们的卡中。

营业结束后,两位客户相继来到某支行营业厅,由于该证券公司头寸(个人或实体持有或拥有特定产品证券、货币等的数量)不足,无法在当晚营业结束前打回客户卡中,因此,只能在当晚12点前入账。柜员向客户详细说明情况,但两位客户都是新股民,对银证转账操作非常陌生,非常担心资金安全问题,情绪十分激动,强调"如不能立刻解决,即请媒体介入此事。"

紧张的气氛在支行迅速蔓延。支行领导得知后,立即要求大家充分的理解客户的心情,一定要耐心细致地做好解释工作。支行营业厅负责人亲自接待客户,边和客户拉家常安抚其情绪,再帮助客户分析造成此事的原因,告知其资金在交行的安全性;同时,安排其他工作人员和结算所联系,随时反馈信息。

在大家的共同努力下,钱款终于在晚上7点回到客户卡上。为了让客户利益不受损失,支行营业厅随即又为客户办理了7天通知存款。事后,客户对这次服务给予了高度评价,十分感谢支行为他们所做的工作。

分析

(1) 当客户碰到非银行方的错误时,银行工作人员不能仅仅简单地说明客观原因,而不去理会客户的内心感受。

(2) 当客户情绪不断升级,应迅速引起重视,全员一心,想方设法为客户解决问题,而不是一再对客户强调自己面临的困难。

(3) 对客户的真诚服务、热情态度,可以为我们解决问题赢得时间,也赢得客户的谅解。

思考并分小组角色演练

(1) 遇到第三方合作伙伴问题引起的客户投诉时,你应如何通过合理的方式取得客户的理解?

(2) 遇到类似的问题,你该如何解决?

(3) 顺利解决客户的问题后,应如何适时地进行深度的营销?

训练3　调动前、中、后台力量为客户服务

情境

一次,一位客户拿着一张11年前的存款金额为8万元的5年期国债来某支行营业厅兑付,由于系统更新过多次,柜员也换过几茬,当班柜员几经操作未果。照常理,国债过期是不计息的,但8万元也不是小数目,客户不至于忘记那么久,柜员提示客户是否曾经挂失支取过。

客户听后非常生气,眼看一次投诉就要发生。值班经理除了向客户道歉,并安排一名柜

员查找留存底卡联及数据移植时的报表档案外，还安排另一名柜员负责电话联系会计处及电子信息部寻求帮助。该柜员很快查找到档案资料及业务部门的指导，顺利为客户支付了该笔国债，并按客户意愿转存了 5 年期定期储蓄存款。出于对柜员不当言辞的歉意，及客户过期支取损失 2 万余元利息的补偿，银行向客户赠送了一份沃德财富客户专属礼品。

第二天，客户从其他银行支取 20 万元存入该行，并说过期支取的利息损失，完全不是银行造成的，银行工作人员却能这样处理，说明银行完全站在客户角度去考虑问题，还赠送礼品作为补偿，他很感动，对银行处理问题的方式表示认同。

客户的要求并不高，如果银行工作人员的工作能够做得再细致一些，客户就会更加满意。

分析

（1）客户迫切希望银行工作人员能重视他的抱怨和意见。大多数情况下，处理问题的都是一线工作人员，这样即使问题得到解决，客户在心理上仍不能感到很满意。

（2）如果管理者能及时介入，则客户会降低不少抵触情绪，因为他们已经获得了心理上的补偿。反过来，这样做的好处是管理者也能通过接触客户，更清楚其需求以及银行工作人员还有哪些不足。

思考并分小组角色演练

（1）如何推动银行工作人员全心全力为客户服务？

（2）支行向客户赠送礼品，是否正确？

训练 4　与陌生客户的第一次接触

情境

有一次，某支行柜员到证券公司营销第三方存管业务，发现柜前站着一位先生，证券公司柜员称他为卢处长。他在抱怨某银行服务态度不好，不想在该行办理第三方存管业务了。

该柜员主动上前，热情地打招呼说："卢处长，您好！您可以试试本行的服务和产品吗？"随即告诉他该行的银行卡除了第三方存管、储蓄功能外，还可买基金、签约、代缴费等其他用途，并简明扼要地解答他提出的问题。该支行行柜员耐心和诚意终于打动他，主动留下了联系方式。

那天，适逢下着罕见的暴雪，卢处长没带伞，柜员为他撑伞并送他上车，再轻轻附上一句"下雪天路滑，开车请注意"，然后，为他关好车门，还将名片和支行服务卡留给了他，在暴雪中目送他离去。

之后，该柜员又和他电话沟通了两次，及时告诉他支行与证券公司联合开展的第三方存管业务促销活动情况。

细致的服务终于赢得了客户的信任，没多久，卢处长就主动联系柜员，不仅将第三方存管转到了某支行，又陆续主动地办理了双币信用卡，购买了理财产品，成为某行的沃德财富客户。

分析

礼貌用语不离口。要主动和客户打招呼，并尽可能熟记客户的姓名，这样会让客户感到亲切；如果知道客户职务时，要以职务相称，这样会让客户感到受尊重；若遇到雨雪天气，一句温馨提示，更能体现出银行工作人员对客户的关怀。

支行负责人只要能做好耐心细致的服务，客户就能感到备受尊敬的服务体验。

尽量使用客户容易理解语言，避免使用冷僻生疏的专业名词。介绍业务时，语气要肯定准确，突出业务特点，让客户产生尝试办理的欲望。与客户首次交谈时，要注意给他良好的第一印象。要用专业化和人性化的服务态度，通过一系列入微的细节，打动并吸引客户，展现银行的品牌形象。

思考并分小组角色演练

（1）如何提高服务意识并落实在实际行动中，起到服务表率作用？

（2）如何运用细节化和人性化服务，让客户感受到被尊重和被关怀？

训练5　坚持制度规定与提升服务质量的关系该如何处理？

情境

有一次，蒋先生来到某支行营业厅前，拿出信用卡和身份证，要求办理卡解挂业务。柜员核实后发现，持卡人并非蒋先生本人，告之无法为其办理。

蒋先生不理解，火气很大。支行营业厅负责人见此情况，立即将蒋先生请到办公室，奉上茶水。在和蒋先生交流的过程中，负责人了解到持卡人是蒋先生的家人，因生病住院而无法亲临现场，卡里的钱是准备治病用的。

明白情况后，该负责人来到受理该业务的柜员前。柜员很气愤，说："这个客户素质太差，明明是他违反规定，还开口骂人！"该负责人耐心地告诉他："在柜台服务中，我们作为银行工作人员，一定要多一点耐心与理性。客户在乎的是你在为他提供服务时，是不是能从他的角度与立场去理解他，为他着想。在柜台前，我们要善于把握客户心态，主动触及他心灵上的切入点。如果做到这点，我相信，再难缠的客户，你都能做到游刃有余。"柜员听了连连点头，开始站在蒋先生的角度去考虑问题，提出和同事一起上门办理此项业务，帮助蒋先生解决问题。

中午，他们立刻和同事赶往医院，在病床前接过卡主本人亲笔填写的单据，受理此项业务。见此，蒋先生非常感动，临别时，把银行工作人员送到门外，连声道谢，说："没想到你们会上门服务，真是太感谢了。"

以后蒋先生再来支行营业厅办理业务时，每次都很和气。有了这次体会，柜员们在处理这类问题时就顺利了许多。

分析

（1）应认真对待每位客户提出的服务需求、疑问咨询和批评。

（2）当因严格按制度规范操作引起客户不满时，柜员一定要耐心、细致地做好解释工作，想方设法替客户排忧解难。

思考并分小组角色演练

（1）作为支行营业厅负责人，应如何引导督促员工抓好优质服务？

（2）柜员受到客户责难，受委屈时，支行营业厅负责人应以何种方式进行劝解和安慰？

（3）规范经营和提升服务之间有时会产生冲突，银行工作人员应如何做好二者的协调工作？

训练 6　优先服务带来的深思

情境

某日下午，某支行营业厅内等候的客户很多，柜员都在忙碌着。恰巧所有窗口的业务都较复杂，20 分钟过去了，整个大厅却没叫一个号，引起了等候区众多客户的不满，很多客户开始大声吵嚷。

这时大堂经理和客户经理正在为客户做咨询，被突如其来的吵闹声惊动，于是，便进行积极疏导。他们引导客户尽量利用自助设备和网上银行排解压力。这样虽然少量客户进行了有效分流，但大部分客户还是需要到柜台办理。此时恰巧进来两位高端客户，插在前面，提前办理业务，这更引起等待多时客户的不满。有的扔下叫号纸愤愤地离开了营业厅，有的开始大声谩骂，任凭劝说和解释都无法平息客户的怒火。又过了 30 分钟，客户总算办完业务离开了营业厅，这时，大堂经理发现一名年轻男子正在打电话投诉。

5 分钟后，某支行营业厅接到了总行的回访电话。原来刚才那名年轻男子投诉该支行办理业务时不按号进行，耽误了他们宝贵的时间。该支行向总行作了解释，总行工作人员也这样向客户作了解释，这场投诉总算被化解了。

分析

虽然投诉得到及时处理，但留下的教训是深刻的。其实客户在等待、吵骂时，我们就已经失去了他的信任和好感。大家一传十，十传百，把对银行的负面影响传播出去，其效应远大于广告营销产生的正面影响，给银行造成的损失是明显的。

同时，我们应思考银行的核心竞争力是什么。在银行产品相似化的今天，客户大多会选择服务等级高的银行。本行推出高端客户政策后，确实让这些客户得到了方便，但若处理不好，也将失去一部分目标客户，这些客户完全有可能成为未来的优质客户。若我们今天失去了这些客户，则明天将失去更多的经济效益。

因此，必须找到一个切实可行的方案，解决这种问题。首先，可以从办公环境下手进行改造，拉开客户等候区和柜台的距离，分散客户注意力，避免其因等候时间过长而产生的烦躁，减少负面影响；其次，可以开出专门窗口为 VIP 客户服务。在没有 VIP 客户的情况下，灵活应变，照常办理一般对私业务；再次，可以从内部管理入手，优化业务流程，提高操作效率，节省客户宝贵的时间。

思考并分小组角色演练

（1）我们应该如何把优先服务做得更到位？

（2）应该如何解决 VIP 客户和普通客户之间的矛盾？

训练 7　对柜面服务效率的质疑

情境

某日下午 3 点，客户陈先生来到某支行营业厅办理业务，通过叫号机取到 179 号并提示其前面还有 3 位客户，但在等候 22 分钟后，陈先生还未能办理业务，因此，客户非常生气，随即对某支行营业厅的办事效率提出质疑，最后未办业务，气呼呼地离开了某支行营业厅。

经调查，当时某营业厅 4 号柜正为 176 号客户开办借记卡、银信通、双利账户的签约、存款 20 万元等一系列个人业务；3 号柜正为 177 号客户办理销卡、重新办卡等业务；5 号、6 号对公柜正在办理缴税业务。由于是月初，办理缴税业务的客户较多，两个柜员需进行记账、复核、验印等，期间，还需与客户进行沟通。客户不了解 5 号、6 号柜暂不办理个人业务，银行工作人员进行工作沟通也被客户误以为是在"聊天"，会计主管向客户作出解释时，其不予认可。

分析

（1）在对私客户排队人数较多的情况下，支行营业厅负责人应及时安排其他对公柜员切换画面，协助办理对私业务。

（2）柜员办理业务时动作应更加迅速，与其他柜员交流工作内容时，语言应尽量简练，避免引起客户的误会。

思考并分小组角色演练

（1）如何做好支行营业厅的现场管理？

（2）在工作状态下，柜员遇到客户有疑问时应如何及时有效地向其解释？

（3）为了避免客户排队等候时产生烦躁情绪，柜员还能做些什么？

（4）单笔业务操作应有规定的限时服务标准。

训练 8　叫号机引发的矛盾

情境 1

某日下午 5 点左右，某支行营业厅柜面有三个窗口正在正常办理业务，其中一个窗口的柜员去吃晚饭，暂停办理业务，另一个柜员在办理一笔大额存款业务。此时营业厅里没有其他客户。

这时进来一位客户，没有取号，直接到另一个空着的窗口办理业务。柜员看到当时大厅里没人，为了方便这位客户，就没有让这位客户先去取号再来办理业务。恰巧此时，另一位客户取了号，而柜员并未注意到，开始为那位未取号的客户办理业务。

由于该客户的业务比较复杂，花费的时间较长，因此，取号的客户只能在大厅里焦急地等候。当那位没取号的客户走后，这位取号的客户过来责问说："你们这里办业务还取不取号？"柜员说道："需要取号的。"这位客户说："我取了号，你却给没有取号的人办业务，耽误了我的时间，这怎么解释？"柜员觉得客户的意见没有错，但又无法给予合理解释，因此，也没有向这位客户道歉。客户非常恼火，表示要投诉该柜员。

情境 2

某日中午，某支行营业厅内客户比较多，叫号机上显示有 30 多人在排队等候。有两个窗口设置了 VIP 客户的优先功能。VIP 客户可享受优先服务待遇，一般情况下 VIP 客户是不多的。有不少客户发现了这个诀窍，不是 VIP 客户也选择了领取贵宾号码。

见此，柜员也没有要求这些客户重新取号。连续办了几笔"VIP 客户"业务，明显延长了普通客户的等候时间，引起他们的不满。于是，这些普通客户就报怨："为什么我们早到的没有先办理业务,他们后来的却很快就办了?"柜员解释道:"他们是 VIP 客户,可以享受优先服务。"这下更激起了普通客户的不满,认为该银行势利,眼里只有 VIP 客户,看不起普通客户。

分析

这两个案例都反映出银行工作人员操作规程和执行制度不规范。明明规定客户应先取号再办理业务,而有的柜员却认为在客户不多的情况下就可以不取号,还认为这样是方便客户;明明规定 VIP 客户可以优先办理业务,结果不是 VIP 客户也能享受这种待遇。

为客户服务必须以执行制度为前提,否则出发点再好,效果不好,客户也不会满意,只能使自己陷入被动中。

思考并分小组角色演练

日常为客户服务时,你该如何处理好服务与执行制度的关系?

训练 9　熟悉产品是销售的基础

情境

某日是国债首发日,此期收益率较高,估计客户购买会很踊跃,因此,某支行营业厅已提前做好准备工作。

果然,营业厅大门刚打开,久候在外的客户便蜂拥入内,在各窗口前排起了长队,营业厅内外顿时忙碌起来。

"大爷,3 年期国债已经售完,还有 5 年期的,可以吗?"柜员忙起身解释。

"怎么这么快就售完了,我前面也没排几位啊!"大爷不解地问。

"国债发行数量有限,全国各家银行网点在同一时间统一销售,难免很快售完,5 年期的利率也不低,您买点吗?"柜员耐心地说。

"5 年期限太长,不买了。"老人不情愿地说。

"走吧,3 年的没了,只有 5 年的,期限太长,我也不想买。忙活了大半天,起了个大早,连个晚集也没赶上。"后面客户也嚷起来,大堂内一片哗然。

面对客户的无奈,大堂经理忙迎上前:"很抱歉,国债数量有限,排了半天没买上。本行现正在热销几款理财产品,收益也很可观,大家是否有兴趣?"

"股市最近振荡不稳,不买基金,连本都保不住,风险太大了。"

"本行理财产品是保本的,收益率最高可达××%,期限有 3 个月至 3 年不等。"大堂经理自信地说。

"有这么好的产品?"客户们兴致勃勃地围过来。

可是,这种表情只是刹那间,短暂的,当他们听说这些理财产品起售点均在 5 万元以上时,就不那么兴奋了。

"我只有 3 万元。"一位客户喃喃地说。

"我只有 4 万元,人家门槛太高,别想了,咱们走吧。"

大堂内顿时一片冷清。

分析

（1）3 年期国债很抢手，5 年期国债却无人问津，说明现在老百姓的投资理念有所改变，他们热衷于短期投资，看好期限短、收益高的产品。作为银行，应该迎合客户心理，把握时机，赢得客户的认可。

（2）对待工作应做深层次的探究。5 年期国债持满 3 年不满 4 年按年利率 5.76% 计付息（三年期国债利率为 5.74%），只是收取 1‰ 提前兑付手续费。1 万元 5 年期国债持满 3 年与 1 万元 3 年期国债到期本息总金额只差几元。这么简单的账，银行工作人员却没对客户仔细说明，认真算清，就轻易地放弃，使客户白白流失了。

思考并分小组角色演练

（1）对待工作如何做更深层次的探究？
（2）如何用"心"来提升我们的服务质量？
（3）银行能否调整理财产品的准入门槛？

训练 10　一部手机赢得一位贵宾卡客户

情境

某日下午，某支行营业厅柜员正处理着手中的工作，这时，电话铃声响了。原来是一位客户将手机遗忘在柜台上，要求柜员帮助寻找。通过查找，柜员并未发现手机。客户十分焦急，柜员先安抚客户，并表示："只要是在我们这儿丢的，我们一定帮您找到！"

经过办理业务的柜员回忆，该客户（失主）办理业务时已临近该支行营业时间结束，之后，只有一位客户来办过业务，很可能是这位客户顺手牵羊了。银行工作人员查看监控录像发现：失主在办理业务后，将手机遗忘在柜台，"后一客户"等失主走后，趁人不注意将手机放进自己的口袋。

目标确认后，银行通过查询交易，查到了"后一客户"的联系方式和住址。电话打过去，此人坚决不承认拿了手机。业务主管耐心地告诉他：我们通过监控掌握了事情的全过程，希望他认真考虑之后再与我们联系；同时，为了不让失主太着急，银行立刻联系失主，告知失主已发现了线索，让失主放心。一刻钟后，"后一客户"主动打来电话表示愿意将手机归还。取回手机后，丢失手机的客户十分感谢，成为银行的 VIP 客户。

分析

（1）柜员发现问题后马上处理，妥善做好客户安抚工作，在第一时间帮忙解决问题。
（2）柜员注意处理问题的方法，协调沟通，尽可能不动用外部力量，让"后一位客户"主动交还手机。
（3）柜员开动脑筋，灵活机动，想方设法处理难题，赢得客户信任。

思考并分小组角色演练

（1）客户开户时是否将信息（包括住址、联系方式等）尽可能翔实地留存？
（2）监控录像是否覆盖全面？是否清晰？
（3）遇到此类情况，怎么对"后一客户"进行劝说才能又快又不失体面地拿回客户的失物？

训练 11　一个升级的抱怨

情境

某日上午 10 点，某支行同时有两位沃德财富客户来到营业厅，表示有急事，要求在普通区域的现金柜台立即办理业务。该支行沃德财富客户经理即为两位沃德财富客户分别取号。此时，有一位女士已取普通客户号排队，对于两位客户提前办理业务表示不解。客户经理解释说，该行的沃德财富客户可以免排队，优先办理业务，但这位客户仍不理解，并有口头抱怨。对此，客户经理没有继续解释和处理，而是立即回到沃德财富专区，该客户继续在大厅内吵嚷抱怨达 5 分钟之久。虽然大堂经理和会计主办及时安抚客户，但客户情绪激动，对客户经理的服务态度非常不满。会计主办上报后，支行副行长立即通过电话向客户表示歉意，并请客户留下联系方式以便补救过失，但客户拒绝了，并表示次日将到支行面谈。次日，支行副行长与客户经理准备好礼品在支行等客户，准备当面致歉，但客户没来。第三天，客户的弟弟致电客服投诉，声称：由于该客户经理态度差，致使客户回家后气病了，要求客户经理本人亲自致电道歉。

分析

本案例中所述的事件属于突发事件，从中我们可以看出以下问题。

（1）该行的沃德财富客户的确可以免排队，优先办理业务，但遇到不能接受这种规则的普通客户，仅靠制度解释，不能达到预想效果，必须采取各种沟通技巧安抚客户情绪。

（2）当客户的抱怨升级时，应将客户带离现场解决问题，而不是任其在营业厅内抱怨达 5 分钟之久。

思考并分小组角色演练

（1）银行的客户经理做错了吗？做到位了吗？

（2）沃德财富客户可以插队，银行的这种做法是否妥当？银行应如何提供深层次的服务？在为高端客户提供服务的同时，如何来保证普通客户的需求？

（3）银行工作人员如何处理突发事件？回避问题是解决客户抱怨的良好途径吗？

训练 12　营业时间内应保证柜面服务

情境

某日上午，某支行营业厅开始营业 10 分钟后，一客户前来办理取款业务，发现柜面没有柜员。在保安的指导下，该客户虽然自助取款成功，但是认为营业时间内应保证柜面服务，事后，他投诉了该支行营业厅。

经调查，该支行营业厅是集中运钞的最后一站，运钞车到达时距营业时间已不到 5 分钟，按照制度规定，支行营业厅柜员早上开始营业前必须清点现金，因此延迟开始营业时间 10 分钟。

查看监控录像发现，该客户到支行营业厅时，正是这个时间段，所以导致柜员没有及时为客户提供服务。

分析

（1）客户来到支行营业厅时，大堂经理应及时迎接并加以引导。

（2）客户来到柜台前，柜员虽然还无法营业，但应当立即对客户进行解释，并指导客户到自助区操作。

（3）银行的内部事务应该事先有所安排，以避免营业开始后发生混乱。

思考并分小组角色演练

（1）银行的内部事务管理是否应根据客户需求加以调整？

（2）银行的大堂经理应如何看待自己的工作角色？

（3）柜员应该如何提升自己的服务？

任务七　对私客户经理（个贷信贷员）的训练

训练1　这类逾期贷款产生不良记录后，银行该怎么办？

情境

张先生于2006年年初在某支行营业厅办理商铺贷款7万元，期限为5年。该贷款于4月4日发放，还款日为每月4日。近期张先生到中国银行办理购车贷款业务，该行系统显示张先生在某行办理的商铺贷款有4次逾期记录，因此不予办理贷款业务。

张先生致电某支行客服热线进行投诉：自己在某支行办理的商铺贷款还款产生不良记录，完全是由银行造成的。该笔贷款于2006年4月4日发放，银行方面直到9月才通知他。因银行方面未及时通知贷款已发放，所以产生了4次不良记录。

2008年1月9日，张先生到贷款行与相关业务人员和行领导协商，要求消除2006年逾期还款产生的4次不良记录。某支行根据客户实际情况，出了一份仅限于再次贷款时使用的"情况说明"。该客户持有这份说明可到其他银行办理贷款业务。

张先生持这份说明到人民银行欲办理消除不良记录业务，人民银行工作人员告知，不能仅凭一份证明消除不良记录，需要原贷款行向总行提出申请，再由总行向人民银行总行提出申请，待人民银行总行批准后再通知当地人民银行，然后才可以进行信息更改。

张先生于是又返回某行，要求变更征信系统记录，但未得到应允。

分析

（1）由于工作人员责任心不强，导致既影响了张先生的信用，又增加了支行不良贷款的比例。如果某行在张先生贷款发放后及时通知到本人，也许就不会产生逾期记录了。

（2）银行应当对每笔贷款的贷后情况进行随时跟踪。张先生的贷款在逾期好几个月后还没发现，也没有催促，银行负有不可推卸的责任；而且，银行对贷款发放是否通知到客户也没有做相应记录，在客户前来查询时无据可查，发生纠纷时银行必然理亏。

（3）张先生的此笔贷款在2006年5月至9月间曾在6月发生过全额还款，而且7、8、9三个月的逾期每次都不超过10天，说明当时张先生并不是完全不知晓贷款已发放，很有可能是故意拖延还款。鉴此，银行有理由可以不为张先生出具消除不良信用记录的证明。

思考并分小组角色演练

（1）银行在贷款审查、发放过程中是否存在问题，工作是否已经做到位？银行对贷款流程的优化还有哪些需要完善之处？银行在张先生这件案例的处理上是否存在过错？如何才能避免工作中由细小疏忽引发的客户纠纷？

（2）类似张先生提出的这类要求银行是否应该满足？如果不能满足，银行应采如何回复客户？

训练 2　沟通从心开始

情境

某日下午 2 点左右，一客户急匆匆地跑进某支行营业厅个贷中心："小姐，刚才我的钱包被偷了，所有卡都没了，还贷卡也被偷了，怎么办？"工作人员说："先生，您别急，您的卡有密码，别人不可能随便从您卡上取钱的！""那我怎么办呢？"客户继续说道。

"您的身份证有没有被偷呢？"

"还好，身份证没被偷去。"

"那您就先拿身份证到柜台挂失，7 天后就可以拿到新卡了。我们系统里会自动将您的还款卡号更新的。"

客户随即办理了挂失补卡手续，稍微心安，又到个贷中心询问："那我过两天要还按揭怎么办呢？"工作人员告诉他："过两天到我们银行来，用现金还款就可以了。"

两天后，客户来支行营业厅办理按揭还款手续，银行工作人员将客户的合同号及相应的贷款期号告诉核心柜员，确保客户按时归还当月的按揭。

客户对银行工作人员的服务非常满意，说："没想到你们银行服务这么周到。之前我每次还款都要到很远的地方去，很不方便。本来我想把贷款还清后把业务转到别的银行，既然你们的服务那么周到，我也不想转来转去了。"银行工作人员说："是啊，为客户多想一点是我们应该做的，现在银行越来越多，希望您能一直留在我们支行，多使用我们的产品呢。"

分析

从上面的案例中不难发现，其实客户对银行的要求并不高，很多时候只要银行工作人员多给出一句建议、多说一句关心的话就可以了。在客户着急的时候，只要我们用心体会客户的难处，根据自己的专业知识为其提供相应的服务，就能赢得客户的好感，留住客户。

上述案例，某行业务人员成功地为客户排忧解难，获得了客户的好评并最终留在了客户。银行之间的竞争，与其说是以产品竞争，不如说以服务竞争，以客户资源竞争。

思考并分小组角色演练

（1）银行个贷工作人员应如何做到为客户着想？

（2）在今后的工作中，应如何做到为客户提供深层次的服务？

（3）银行工作人员应如何最大限度地留住客户？

训练3　个人贷款贷后管理引发的思考

情境

某日中午休息时,一位女客户怒气冲冲地来到某支行营业厅信贷部门,大声反映其汽车消费贷款遇到的问题。

部门领导为客户倒了一杯水,让她先消消气。

经了解得知,客户姓李,3年前向本行借了10万元汽车贷款,期限为3年。根据行里提供的贷款测算表,李女士一直按时还款,已于上月到期归还。

昨天李女士和先生在南京办理房地产贷款手续,却被经办银行告知其个人征信系统中有多次逾期个人信用记录,不符合借款条件,于是,李女士今天急急忙忙从南京赶来,要查明逾期原因。

客户经理根据李女士拿出的借款人身份证,在计算机系统中查出,李女士还款记录总计为36次,其中逾期达22次,第一年每期都是按时足额偿还,但第二年、第三年由于还款本息增加,每次都差几十元钱。由此推算,逾期原因是随着贷款利率的提高客户还本付息额增加,客户未相应增加还款金额。

李女士说:"你们银行没有通知我要增加还款额,我怎么知道要还多少,现在你们必须负责为我解决这个问题。"

分析

(1) 贷款加息后,银行工作人员未及时通知客户,特别是对以前未开通短信提示服务、也无确切联系电话的客户未做到——通知。

(2) 贷款首次逾期后,银行工作人员未及时通知客户,以致以后的贷款循环逾期。

思考并分小组角色演练

(1) 对私业务快速发展的同时,贷后管理工作应如何深入细化?

(2) 对由于银行的疏忽而导致客户信用记录逾期这类情况,银行应如何弥补?

参 考 文 献

[1] 安贺新,张彦宏. 金融服务营销 [M]. 北京:清华大学出版社,2017.
[2] 韩宗英. 金融服务营销 [M]. 北京:化学出版社,2019.
[3] 安贺新,张彦宏. 商业银行营销案例评析 [M]. 北京:清华大学出版社,2015.
[4] 王艳君,李宏伟. 金融服务营销 [M]. 北京:高等教育出版社,2017.
[5] [美] 艾沃琳·艾尔林奇. 金融服务营销手册 [M]. 王国胜,缪成石,赵健明,译. 广州:广东经济出版社,2019.